DE LA CAÍDA A LA RESURRECCIÓN
Manual de discipulado para una vida nueva en Cristo.

EDITORA C. REY

2025
Todos los derechos reservados.

Ninguna parte de esta publicación puede ser reproducida en ninguna forma sin el permiso escrito del autor.

Las citas bíblicas fueron tomadas de la Santa Biblia, Reina Valera 1960, a menos que se indique lo contrario.

Sociedad Bíblica Internacional.

Diseño de cubierta
Diseño interior; Editora C.Rey

EDITORA C. REY

Publicado originalmente en español con el título:
DE LA CAÍDA A LA RESURRECCIÓN
Manual de discipulado para una vida nueva en Cristo.
© Israel Valenzuela
Publicado por; Publicaciones C.Rey, República Dominicana
Todos los derechos reservados diciembre 2025
Contactos: +1.809.806.8213
editoraciudaddelrey@gmail.com
Copyright © 2025 Israel Valenzuela
All rights reserved.
ISBN: 9798277852279

Temario completo de las 8 semanas

Introducción 07

Semana 1 — Jesús es el Señor... 09
    Identidad de cristo.
    Señorío vs religión.
    Rendición total.

Semana 2 — La caída y el pecado 23
    Qué es pecado.
    Por qué necesitamos un salvador.
    Culpa espiritual vs responsabilidad espiritual.

Semana 3 — La cruz, la sangre y la obra de Cristo............ 33
    Expiación.
    Sustitución.
    El costo de la salvación.

Semana 4 — Arrepentimiento: muerte al viejo hombre 43
    No emoción: decisión.
    Renuncia real.
    Confesión.
    RUMBO AL RETIRO 53

Semana 5 — El bautismo: Mi muerte y mi nacimiento. 57
    Símbolo, identidad, significado.
    Romper el miedo.
    Compromiso.

Semana 6 — El Espíritu Santo: poder, Santidad y dirección. 69
    Fruto vs dones.
    Vida guiada por el espíritu.

Semana 7 — la iglesia, el cuerpo de Cristo y mi lugar en él............. 81
    Pertenencia.
    Honor.
    Discipulado.
    Cobertura.
    Servicio.

Semana 8 — Mi vida nueva: guerra espiritual, misión y consagración. 93
    Lo que el bautismo inaugura.
    Resistir.
    Crecer.
    Ser parte activa del reino.
    DE LA MUERTE A LA VIDA • DEL AGUA AL PROPÓSITO.........................103

INTRODUCCIÓN

Querido estudiante:

Bienvenido a este camino que transformará tu vida. Este manual, *De la Caída a la Resurrección*, es un proceso de discipulado diseñado para una vida nueva en Cristo. Desde hoy comenzarás un camino espiritual que te ayudará a conocer a Dios de manera personal, comprender la obra de Cristo en tu vida y caminar en la identidad nueva que Él te ha dado. Es una guía práctica que te llevará paso a paso hasta la vida que Dios soñó para ti.

Tener un encuentro con Jesús es la experiencia más profunda que un ser humano puede vivir. Quien se encuentra con Él no vuelve a mirar la vida igual. Cristo revela propósito, redefine identidad, sana heridas y reordena prioridades. Cuando Él entra, la vida deja de ser supervivencia y se convierte en llamado. Eso Dios comenzará a hacer contigo estas semanas.

Mi oración al preparar este material fue que cada enseñanza sea una llave para tu libertad, cada reflexión un espejo para tu corazón y cada actividad una oportunidad para avanzar espiritualmente. Muchos de los cambios más profundos de mi vida comenzaron con una oración sencilla: "Señor, si eres real, muéstrate". Él respondió, y entendí que caminar con Jesús no es religión, sino relación.

Este manual te acompañará ocho semanas. Cada día encontrarás enseñanza, reflexión y aplicación práctica. Solo necesitas apartar unos minutos y decidir caminar en obediencia y fe. El propósito de este proceso es llevarte a una experiencia real con Dios, transformadora. Aprenderás lo que significa morir al viejo hombre, vivir en el Espíritu, formar carácter y convertirte en discípulo, no solo creyente. La meta no es saber más, sino vivir diferente. Permite que Dios trate contigo, que su Palabra te confronte y que su Espíritu te guíe. Esta jornada te llevará a crecer hasta la madurez, a la medida de la plenitud de Cristo (Efesios 4:13).

Bienvenido al proceso y a todo lo que Dios está por hacer en ti.
Con amor y honra, Israel Valenzuela

SEMANA 1 – DIA 1
JESÚS: EL SEÑOR

TEMA CENTRAL: No cambia quien conoce a Jesús; cambia quien se somete a Él.

Mateo 16:15-16 Completa las palabras faltantes y luego subráyalas en tu Biblia: "Y vosotros, ¿quién decís que _____ _____? Respondió Simón Pedro: Tú eres el _____, el Hijo del Dios _____."

Este pasaje enseña que:
- Jesús no acepta solo admiración, exige revelación.
- No basta con decir: "Jesús es bueno".
- La pregunta que define tu vida es:

¿QUIÉN ES JESÚS REALMENTE?

Jesús no fue un profeta más ni un líder admirable. Jesús es la imagen visible del Dios invisible. En Él habita corporalmente toda la plenitud de la Deidad. No vino a iniciar una religión; vino a reconciliar a la humanidad con Dios por medio de su cuerpo, su sangre y su resurrección.

Jesús no solo salva: intercede, reina, perdona, transforma, y dirige. Nadie comparte Su autoridad. Nadie puede hacer lo que Él hace. Nadie puede ocupar su lugar. Su nombre no compite: gobierna. su sacrificio no se complementa: se cree. Su sangre no se reemplaza: se honra. su cruz no se modifica: se recibe.

Jesús es el único Mediador entre Dios y los hombres. No delegó ese rol. No lo compartió. Él es el puente, la puerta, el camino, la verdad y la vida. Cuando oras, el cielo escucha por causa de Cristo. Cuando te arrepientes, eres limpiado por Cristo. Cuando te acercas al Padre, entras por Cristo. Conocer a Jesús no es agregarlo a la vida: es entregarle la vida. Él no pide espacio: exige el trono. No pide admiración: pide obediencia. No pide emoción: pide renuncia.

Dinámica — Falso o Verdadero

1. ____ Jesús es un gran líder espiritual, pero comparte su autoridad con otros mediadores.
2. ____ Conocer a Jesús no es solo añadirlo a mi vida, sino rendirle completamente el control.
3. ____ El sacrificio de Jesús necesita ayuda para ser suficiente.

ROMPIENDO EL "JESÚS CÓMODO"

Las iglesias están llenas de personas que lloran en el altar, que levantan manos, que leen devocionales… pero no han decidido morir.

Recibieron un Cristo terapéutico:
— que sana,
— que consuela,
— que calma emociones,
— que "los entiende".

La cultura creó un Jesús cómodo: emocional, silencioso ante el pecado, adaptado a tus heridas. Pero ese Jesús no existe en la Biblia. El Jesús bíblico confronta, exige, transforma, mata el ego, rompe excusas y reclama el centro de tu vida.

- El Jesús cómodo te deja igual.
  El Jesús verdadero te hace nuevo.
- El Jesús emocional te acaricia.
  El Jesús resucitado te confronta.

El bautismo no es para quienes quieren seguir igual; es para quienes están listos para un funeral: el funeral del viejo yo. Cuando entiendes quién es Jesús, obedecerlo deja de ser un temor y se convierte en un deseo.

IDENTIFICA TU OTRO "SEÑOR"

"Lo que gobierna tu vida, revela a tu verdadero señor."

A continuación, tienes ejemplos reales de cosas que compiten con Jesús (Si no aparecen en la lista, escríbelas tú mismo):

Importante: No lo espiritualices. No lo maquilles. No lo justifiques.

- Tu tiempo (no lo manejas, te maneja)
- Tus obligaciones (trabajo, deudas, presiones)
- Tu carácter (enojo, orgullo, susceptibilidad)
- Tus emociones (miedos, ansiedades, inseguridades)

- Tu teléfono y redes (te controlan más de lo que admites)
- Tus relaciones (personas que influyen más que Jesús)
- Tu pasado (culpa, heridas, traumas no rendidos)
- Tu dinero (te gobierna, te preocupa, te limita)
- Tus hábitos ocultos (pecados secretos, adicciones)

1.
2.
3.

¿Por qué esto sigue gobernando tu vida?

Ora esta declaración:
"Jesús, destrúyelo antes de bautizarme."

PREGUNTAS DE REFLEXIÓN
1. ¿Busco a Jesús para aliviarme o para transformarme?
2. ¿Qué parte de mi antigua vida me niego a soltar?
3. ¿Estoy siguiendo a Jesús… o usando a Jesús?

DECLARACIÓN IDENTITARIA
"Jesús no será un accesorio en mi vida. Será mi Rey. No lo buscaré para alivio, lo buscaré para rendición. Hoy entrego mi voluntad a su señorío. Él gobierna, yo obedezco."

EL VERDADERO DISCIPULADO
Ser discípulo no es ser "alumno de Jesús".
Ser discípulo es perder el derecho a decidir sin Él.

El Reino no te pide que "entiendas".
Te pide que obedezcas.
La obediencia precede a la revelación.
No entenderás al Maestro hasta que te sometas al Maestro.

MODO (ADN)

En esta iglesia Jesús no es un concepto: es el centro. Aquí no formamos visitantes sino discípulos. No levantamos emoción sino convicción. No instruimos espectadores: levantamos hijos.

El Señorío de Cristo se vive con honor, obediencia, responsabilidad, servicio y compromiso. Si Jesús es Rey, su casa importa. Su Reino importa. Su Iglesia importa.

Cómo se vive este principio en tu casa espiritual:
- Aquí no buscamos seguidores de plataforma.
- Buscamos hijos que saben someterse para luego gobernar.
- El discipulado comienza con renuncia, no con "pertenencia".
- Nadie es enviado hasta que ha sido quebrado.

Aquí no te sostenemos tu excusa. Te acompañamos a arrancarla.

PREGUNTAS QUE TE VAN A RASGAR
1. ¿Quiero ser salvado o quiero ser gobernado?
2. ¿Qué cosa no estoy dispuesto a perder por Cristo?
3. ¿Por qué me ofende más su Señorío que su amor?
4. ¿Estoy buscando a Jesús para aliviarme… o para matarme?

ORACIÓN FINAL

Señor Jesús, deja de ser mi refugio emocional. Conviértete en mi Rey absoluto. No quiero un camino fácil: quiero un camino que me mate para resucitar. Clava mi orgullo. Rompe mis ídolos. Hazme discípulo, no visitante. Amén.

"Lo que hoy comenzaste con una decisión,
mañana se convertirá en una confrontación más profunda."

FIN DE LA LECCIÓN

DÍA 2
CARTA CONFESIONAL PRIVADA

MENSAJE DEL DÍA 1 — "EL FUNERAL COMIENZA HOY"

Hoy empieza tu proceso verdadero. No con agua. No con una enseñanza. No con una oración. Empieza con verdad.

Jesús no te pide que lo impresiones, sino que lo entregues. No quiere que le expliques tus heridas, sino que le rindas tus ídolos. No te está preguntando: "¿Qué te hicieron?" Te está preguntando: "¿Qué estás dispuesto a soltar?"

Escribe una carta confesional a Cristo: no expliques "por qué", dile qué entregas, qué estás dispuesto a perder, y qué no quieres que gobierne más tu vida.

Será sellada frente a ti en clase y quemada el mismo dia del bautismo.

Esta carta no es un ejercicio emocional. Es tu primer acto de señorío. Es el primer ladrillo del funeral del viejo yo. Es el momento donde dejas de esconder lo que por años te ha gobernado.

Aquí no escribes para ser perdonado: escribes para ser transformado. Cuando la quememos juntos en la Semana del Bautismo, no estaremos quemando un papel... estaremos quemando a la persona que tú ya no quieres ser.

Texto del día: Lucas 6:46
"¿Por qué me llamáis Señor, ¿Señor, y no hacéis lo que yo digo?"

* Trae tu carta al próximo la próxima semana y entrégala al maestro, para que te la de en día del bautismo

DÍA 3
IDENTIDAD NUEVA

Corintios 5:17 "De modo que, si alguno está en _____, nueva criatura es; las _____ pasaron; todas son hechas _____."

Mensaje del día: Hoy Jesús confronta la mentira más sutil: creer que ser cristiano es mejorar, no morir. La vieja identidad todavía te habla, pero ya no tiene autoridad. Cuando aceptas la verdad de la nueva criatura, comienzas un proceso de separación interna que será clave cuando entres al retiro. Nadie puede ser sanado si sigue aferrado a quien era antes.

Actividad: Marca V o F

1. _____ En Cristo sigo siendo esencialmente el mismo, solo más espiritual.
2. _____ En Cristo, mi pasado pierde autoridad legal sobre mí.
3. _____ Dios ignora mi pecado para que yo no me sienta mal.
4. _____ Para que lo nuevo nazca, lo viejo debe morir.
5. _____ Puedo vivir en Cristo sin renunciar a mis viejas costumbres.
6. _____ Mi identidad nueva depende de lo que Cristo hizo, no de lo que yo siento.
7. _____ La cruz no solo me perdona, también me confronta.
8. _____ Si sigo defendiendo lo viejo, no puedo caminar en lo nuevo.
9. _____ La nueva criatura nace de una entrega total, no de un cambio parcial.
10. _____ Seguir a Cristo implica perder versiones pasadas de mí mismo.

Escribe qué parte vieja resiste más morir:

_____

_____

DÍA 4
JESÚS ETERNO

Juan 1:1 "En el principio era el Verbo, y el Verbo era con Dios, y el Verbo era Dios."

Mensaje del día: Muchos creen en Jesús, pero pocos entienden quién es Él. Jesús no entra a tu vida como una solución temporal; entra como el Dios eterno que ya existía antes de tus heridas, tus errores y tu historia. Si Él es eterno, tu pasado no puede gobernarte. Este entendimiento prepara tu corazón para el día del retiro, donde Jesús confrontará las voces antiguas que aún te definen.

Encierra la respuesta correcta

1. ¿Qué enseña este verso sobre Jesús?
A) Jesús fue creado por Dios.
B) Jesús siempre existió y es Dios.
C) Jesús era solo un mensajero enviado.

2. Si Jesús es eterno, eso significa que:
A) Mi problema es más grande que Él.
B) Mi pasado tiene la última palabra.
C) Nada en mi vida es más antiguo ni más fuerte que Él.

3. Cuando entiendo que Jesús es eterno, mi fe debe ser:
A) Emocional y momentánea.
B) Ocasional y según mis circunstancias.
C) Sólida aunque mis sentimientos cambien.

4. Creer que Jesús es solo una ayuda y no Dios es:
A) Una revelación profunda.
B) Una fe incompleta.
C) Un acto de madurez espiritual.

5. Si Jesús estaba antes de mi historia, entonces:
A) Mi historia lo limita.
B) Él puede reescribir mi historia.
C) Mi historia lo intimida.

DÍA 5
DIOS CERCANO

Texto: Juan 1:14 "Y aquel Verbo fue hecho carne, y habitó entre nosotros…"

Mensaje del día: La fe cristiana no comienza con tu búsqueda; comienza con la búsqueda de Dios por ti. Jesús se hizo carne para acercarse, habitar, restaurar y revelar. El retiro será un espacio donde experimentarás esta cercanía de una manera profunda. Hoy debes aceptar que Dios no está lejos, y que aquello que te dañó no tiene más autoridad que su presencia en tu vida.

Actividad: Encierra dos palabras que describen a Jesús

- Carne
- Distraído
- Gloria
- Orgullo
- Gracia
- Mentira

Une cada verdad espiritual con su resultado correcto: (Escoge la combinación correcta con líneas)

1. Jesús se hizo carne
2. Dios habitó entre nosotros
3. La gracia se manifestó
4. La luz vino al mundo
5. Dios se acercó al hombre

A. Me perdona y me restaura
B. Ya no estoy solo
C. Vivió como nosotros
D. Venció la oscuridad
E. Ahora puedo acercarme a Él

¿Qué significa para ti que Dios vino a habitar contigo?

_____
_____

DÍA 6
OBEDIENCIA PEQUEÑA, CAMBIO PROFUNDO

Lucas 6:46 "¿Por qué me llamáis Señor, Señor, ¿y no hacéis lo que yo digo?"

Mensaje del día: No existe transformación sin obediencia. Los cambios grandes comienzan con decisiones pequeñas. Hoy entrenas el músculo espiritual que necesitarás en el retiro: someterte. La obediencia humilde abre puertas que la emoción nunca abrirá. Quien obedece en lo pequeño será libre en lo profundo.

Actividad:
1. Subraya en tu Biblia la palabra "Señor".
2. Haz hoy una obediencia práctica y real (perdonar, no discutir, pedir perdón, orar antes de actuar, apagar redes, ayudar a alguien).

Escribe tu acto de obediencia:
_____
_____

Marca Verdadero (V) o Falso (F):

1. ____ Puedo llamar a Jesús "Señor" sin obedecerlo.
2. ____ La obediencia es una evidencia, no una emoción.
3. ____ Dios bendice la intención aunque yo no obedezca.
4. ____ La desobediencia siempre tiene consecuencias.
5. ____ Obedecer a Dios a veces duele, pero siempre sana.
6. ____ Si no obedezco hoy, mañana será más fácil hacerlo.
7. ____ La obediencia revela quién gobierna realmente mi vida.

DÍA 7
AFIRMA TU DECISIÓN

Josué 24:15: "Escogeos hoy a quién _____; pero yo y mi _____ serviremos a _____."

Mensaje del día: Seguir a Jesús no comienza en el bautismo, sino en una decisión interna que define tu camino. La obediencia se sostiene por convicción, no por emoción. Antes de avanzar a la próxima semana, necesitas responder con sinceridad. Dios no puede transformar lo que tú no decides entregar.

Esta evaluación no te acusa; te ubica. Te prepara espiritualmente en una decisión clara y consciente. Marca una opción en cada línea. Sé honesto. Dios trabaja con la verdad, no con la apariencia.

1. **He decidido que Jesús será mi Señor:**
   [ ] Sí
   [ ] No estoy seguro
   [ ] No lo he decidido
2. **Estoy dispuesto a soltar áreas que sé que me gobiernan:**
   [ ] Sí
   [ ] Parcialmente
   [ ] Todavía no
3. **Me comprometo a asistir a cada semana del discipulado:**
   [ ] Sí
   [ ] Lo intentaré
   [ ] No sé
4. **Estoy listo para permitir que Dios trate con mi carácter:**
   [ ] Sí
   [ ] Me cuesta
   [ ] No estoy listo
5. **Creo que Dios puede cambiar áreas profundas en mi vida:**
   [ ] Sí
   [ ] Tengo dudas
   [ ] No lo creo

6. **Estoy dispuesto a reconocer y enfrentar el pecado que aún practico:**
   [ ] Sí
   [ ] A veces
   [ ] No estoy listo

7. **Estoy dispuesto a caminar acompañado y no solo:**
   [ ] Sí
   [ ] Me cuesta
   [ ] Prefiero hacerlo solo

Escribe cuál de tus respuestas te confrontó más y por qué:

_____

_____

NO TE ASUSTES

NO TE ASUSTES

Al terminar esta primera semana queremos decirte algo con claridad y con amor: te estamos preparando para dentro de tres semanas para nuestro retiro. Esto no es un lavado de cerebro ni nada por el estilo. Es un momento con Dios, profundo, intenso, como casi nadie se atreve a vivir, y tú vas a ser uno de ellos.

Ahora sí, entra en esto con el corazón abierto.

RUMBO AL RETIRO "MUERTE Y RESURRECCIÓN"

Este no es un retiro para buscar emociones, es un retiro para enfrentar verdades. Lo que has vivido en esta primera semana no es un ejercicio académico; es el inicio de una confrontación espiritual real. A partir de aquí, cada semana irá removiendo capas de tu vida interna. Jesús no está buscando que aprendas más información, sino que te dispongas a ser transformado.

Este discipulado no es un curso. Es un proceso donde el Espíritu Santo revelará, corregirá, sanará y romperá lo que por años estuvo oculto. No tengas prisa y no te asustes. Toda incomodidad que sientas es evidencia de que Jesús te está llamando a un nivel mayor de entrega.

Entre la **Semana 4 y la Semana 5** tendremos un retiro especial. Ese día será un **punto de quiebre**. Allí trabajaremos áreas que no se sanan solo con clases: heridas profundas, patrones espirituales, ciclos emocionales, pensamientos repetitivos, culpas antiguas y toda estructura interna que necesite luz, libertad y restauración.

Cada semana te está preparando para ese momento. No llegues al retiro con máscaras, excusas o resistencias. Llega con hambre, con sinceridad y con la decisión de dejar que Jesús haga en ti lo que nunca te atreviste a permitir. Tu proceso ya comenzó. El bautismo será la resurrección. Pero primero, Jesús te llevará a morir a lo que te estaba destruyendo.

Continúa con humildad, con valentía y con esperanza.
1. Lo que viene será profundo.
2. Lo que viene será liberador.
3. Lo que viene será Dios mismo trabajando en ti.

SEMANA 2 DÍA - 8
LA CAÍDA Y EL PECADO

TEMA CENTRAL: No puedes amar la gracia si no entiendes tu caída. No puedes valorar la cruz si no reconoces tu condición.

Romanos 3:23; "Por cuanto todos _____ y están _____ de la gloria de _____." Palabras a completar: pecaron – destituidos – Dios.

Según este texto ¿ha pecado toda persona? Marca la respuesta:
[ ] Sí
[ ] No

Entonces, ¿en qué condición espiritual estabas antes de que Cristo te salvara?

Este versículo no señala a otros: te señala a ti. La Biblia no dice "algunos pecaron", dice "todos". Admítelo: tu problema no era mala suerte, heridas o presión. Tu problema era PECADO. Y la distancia entre tú y Dios era real, profunda y mortal.

La vida pasada

Efesios 2:1. "Y él os dio vida a vosotros, cuando estabais _____ en vuestros _____ y pecados."

La obra de Dios

Efesios 2:4-5 "Pero Dios, que es rico en _____, por su gran _____ con que nos amó, aun estando nosotros muertos en pecados, nos dio vida juntamente con Cristo."

Este texto revela la diferencia entre tú y Dios: Tú estabas muerto, Él estaba buscando cómo darte vida. Tú estabas sucio, Él estaba decidido a amarte. Tú estabas lejos, Él estaba corriendo hacia ti.

Dios te amó cuando no valías nada, cuando no querías nada, cuando no ofrecías nada. Esa es la clase de amor que rompe el orgullo.

Romanos 5:8 "Mas Dios muestra su amor para con nosotros, en que siendo aún _____, Cristo murió por nosotros."

Palabra a completar: pecadores

¿Cómo mostró Dios su amor por ti según Romanos 5:8?

Efesios 2:8-9 "Porque por _____ sois salvos por medio de la _____; y esto no de vosotros, pues es don de _____; no por _____, para que nadie se _____."

Palabras a completar: gracia – fe – Dios – obras – gloríe

¿En qué cosas confiabas antes para "sentirte bien" con Dios?

Gracia significa "regalo no merecido". Dios te dio salvación sin que la merecieras, sin que pudieras comprarla y sin que pudieras ganarla.

¿QUÉ ES LA CAÍDA?

La caída no fue un simple error de Adán. Fue una separación espiritual que afectó a toda la humanidad, El pecado no comenzó cuando tú fallaste; comenzó cuando la humanidad perdió la presencia que la sostenía. Antes de pecar, el hombre caminaba con Dios. Después del pecado, el hombre se escondió de Dios.

Esa distancia es la verdadera tragedia.

El pecado no es una mala decisión, ni un mal hábito, ni una debilidad. Es una naturaleza caída que heredaste. Tu problema no es solo lo que hiciste. Tu problema es lo que eres sin Cristo. Jesús no vino a mejorar personas. Vino a resucitar muertos.

EL MECANISMO DEL PECADO
El pecado opera siempre en este orden:

1. Seduce: te ofrece algo fuera de la voluntad de Dios.
2. Oscurece: te convence de que no es tan grave.
3. Aísla: te aleja de consejo, iglesia, oración y verdad.
4. Anestesia: deja de dolerte fallar.
5. Deforma: cambia tu carácter y tus decisiones.
6. Esclaviza: terminas haciendo lo que odias.
7. Acusa: te llena de vergüenza, culpa y silencios.

El pecado no solo te hiere. Te programa. Te gobierna. Te mata por dentro.

Lo que el pecado produce en ti

- En la mente: confusión, argumentos falsos, autoengaño.
- En las emociones: ansiedad, tristeza crónica, vergüenza.
- En las relaciones: rupturas, toxicidad, aislamiento.
- En el espíritu: muerte.

Tú no estabas lastimado. Estabas muerto. Y la gente muerta no se rescata sola. Necesita a Cristo.

Las mentiras del pecado

Estas frases destruyen más que el pecado mismo:
- "Yo controlo esto." / "No es tan grave." / "Dios conoce mi corazón."
- "Después lo arreglo." / "Todos fallan." / "Así soy yo."

El pecado no comienza el día que caes. Comienza el día que crees sus mentiras.

DINÁMICA PRINCIPAL — Escribe la secuencia más común de tu caída espiritual:

1. Cuando soy tentado, normalmente sucede:
_____

2. Lo que me digo para justificarme es:
_____

3. Lo que termino haciendo es:
_____

4. Lo que siento después es:
_____

5. Lo que prometo es:
_____

6. Pero vuelvo a caer cuando:
_____

Este patrón será tratado por Dios en las próximas semanas.

"Antes de que Dios sane, primero revela. Antes de que levante, primero confronta.

FIN DE LA LECCIÓN

DÍA 9
RECONOCE TU CONDICIÓN

Efesios 2:1 "Y él os dio vida a vosotros, cuando estabais _____ en vuestros _____ y pecados."

Mensaje del día: Antes de que DIos pudiera salvarte, tuvo que diagnosticarse tu condición real. No estabas herido, estabas muerto. No necesitabas ánimo, necesitabas resurrección. La mayoría no cambia porque nunca reconoce lo profundo de su caída. DIos no te salvó porque eras bueno; te salvó porque estabas muerto.

Reconocer tu condición no te humilla ante los hombres, te alinea con la verdad delante de DIos. Mientras creas que solo estabas "mal", seguirás buscando soluciones humanas. Cuando aceptas que estabas muerto, entiendes por qué solo Cristo podía salvarte.

¿Qué palabra del versículo te impactó más y por qué?

_____

_____

Actividad:

Escribe una descripción honesta de cómo era tu vida sin Cristo. No excuses, no adornos. Solo verdad.

_____

_____

_____

DÍA 10
ADMITE TU PECADO

Romanos 3:23. "Por cuanto todos _____ y están _____ de la gloria de _____."

Mensaje del día: El pecado no es solo lo que haces, es lo que eres sin Cristo. La caída no fue un error accidental, fue el quiebre que deformó tu naturaleza. Por eso no podías dejar de pecar aunque lo intentaras: estabas gobernado por dentro.

El pecado no te hacía culpable porque fallabas; fallabas porque estabas caído. Cuando intentas corregirte sin rendirte, solo cambias de conducta por temporadas, pero no cambias de naturaleza.

Verdadero o falso.

Marca según lo que entiendes hoy.

1. Pecar es solo cometer errores.
   [ ] Verdadero [ ] Falso
2. El pecado afecta mi mente, emociones y voluntad.
   [ ] Verdadero [ ] Falso
3. El pecado es solo una conducta, no una condición.
   [ ] Verdadero [n] Falso

Escribe un área donde hoy reconoces que estás caído y no solo "equivocado".

_____

_____

_____

DÍA 11
EL MECANISMO DEL PECADO

Santiago 1:14 "Sino que cada uno es tentado, cuando de su propia _____ es atraído y _____."

Jeremías 17:9 "Engañoso es el _____ más que todas las cosas, y perverso; ¿quién lo _____?"

El pecado no comienza en el acto, comienza en el deseo. Antes de que alguien caiga hacia afuera, ya cayó por dentro. La tentación no llega de golpe, llega disfrazada de pensamiento, de emoción, de justificación.

El corazón no convertido engaña, maquilla, suaviza y negocia con el mal. Por eso mucha gente dice: "yo no quería hacerlo", pero sí lo deseó, sí lo pensó, sí lo permitió internamente antes de caer.

El pecado siempre opera en el mismo orden: seduce, oscurece, aísla, anestesia, deforma, esclaviza y acusa.

Nadie cae de repente. Las caídas son procesos silenciosos donde ignoras señales que el Espíritu te mostró muchas veces. Lo peligroso no es tropezar, lo peligroso es dejar de sentir que estás cayendo. Cuando el pecado ya no duele, es porque empezó a gobernar.

Dinámica: Identifica tu patrón.

Completa estas líneas:
1. Usualmente soy tentado cuando:

2. La mentira que me digo es:

3. El comportamiento que repito es:

Pregunta personal: ¿qué sentiste?

DÍA 12
DIOS ME AMÓ EN MI PEOR MOMENTO

Romanos 5:8 "Mas DIos muestra su _____ para con _____, en que siendo aún _____, Cristo murió por nosotros."

Dios no te amó cuando cambiaste, te amó cuando estabas hundido. El amor humano ama cuando eres aceptable. El amor de Dios ama cuando eres imposible. La cruz demuestra que Dios vio lo peor de ti… y aun así decidió entregarse. No te rescató porque valías; ahora vales porque te rescató. Su amor no fue una respuesta a tu conducta, fue una decisión eterna.

Marca la respuesta correcta
¿Por qué Dios te salvó?
[ ] Porque eras bueno
[ ] Porque te portaste mejor
[ ] Porque estabas perdido
[ ] Porque te lo ganaste

Verdadero o Falso
Marca la opción correcta:

1. ___ Dios me comenzó a amar después de cambiar.
2. ___ Cristo murió por mí cuando todavía era pecador.
3. ___ El amor de Dios depende de mí comportamiento.

Encierra en un círculo
Encierra **dos palabras** que describen mejor cómo te ama Dios:

Castigo – Paciencia – Rechazo – Misericordia – Amor – Condena – Perdón

Selección personal
¿Cómo te sientes hoy al saber que Dios te amó en tu peor momento?

[ ] Agradecido / [ ] Sorprendido / [ ] Aliviado / [ ] Dudoso / [ ] Conmovido

DÍA 13
NO ERES SALVO POR OBRAS

Efesios 2:8-9 "Porque por _____ sois salvos por medio de la _____; y esto no de vosotros, pues es don de _____; no por _____, para que nadie se _____."

Mensaje del día: El pecado te hundió, pero tu orgullo te mantenía ahogado. Creías que eras "bueno", que hacías "lo correcto", que merecías algo de Dios. Ese orgullo era parte de tu caída. Nada de lo que hagas puede salvarte. La salvación no se gana. Se recibe quebrado.

Actividad 1 — Encierra la respuesta correcta
Según el texto, soy salvo por:
A) Mis buenas obras / B) Mi esfuerzo / C) La gracia de Dios / D) Mi religión

Actividad 2 — Verdadero o Falso
Marca la opción correcta:
1. Yo puedo ganarme la salvación haciendo cosas buenas.
   [ ] Verdadero [ ] Falso
2. La salvación es un regalo que no se compra.
   [ ] Verdadero [ ] Falso
3. Mis buenas obras son la base de mi salvación.
   [ ] Verdadero [ ] Falso

Actividad 3 — Marca cosas que creías que te hacían "buena persona":
[ ] Ser amable
[ ] Ir a la iglesia
[ ] Ser responsable
[ ] No hacerle daño a nadie
[ ] Creer en Dios

Actividad:
Escribe por qué estas cosas NO podían salvarte.

DÍA 14
DESMÁSCARA LAS MENTIRAS DEL PECADO

Juan 3:19 "Y esta es la _____: que la _____ vino al mundo, y los hombres amaron más las _____ que la luz."

Mensaje del día: La caída no se sostiene por el pecado, sino por las mentiras que lo protegen. El pecado vive en la oscuridad. Crece en silencio. Se fortalece en secretos. Cuando expones la mentira, destruyes la caída. Esta semana Dios quiere que reconozcas dónde aún prefieres la oscuridad antes que su luz.

Actividad 1 - Marca las mentiras que más te han gobernado:
[ ] "Yo controlo esto."
[ ] "No es tan grave."
[ ] "Dios conoce mi corazón."
[ ] "Después lo arreglo."
[ ] "Todos fallan."
[ ] "Así soy yo."

Actividad 2 — Verdadero o Falso
1. _____ El pecado se fortalece cuando se esconde.
2. _____ La luz de Dios debilita el poder del pecado.
3. _____ Las mentiras no afectan mi crecimiento espiritual.

Actividad 3 — Encierra una opción
¿Qué necesitas hoy más que nunca?
A) Esconderme / B) Justificarme / C) Exponerme a la luz / D) Seguir igual

Oración guiada sencilla (repítela despacio):
"Señor Jesús,
ya no quiero vivir en la oscuridad.
Muéstrame mis mentiras,
sácalas a la luz
y hazme verdaderamente libre.
Amén."

SEMANA 3 DIA 15
LA CRUZ, LA SANGRE Y LA OBRA DE CRISTO

TEMA CENTRAL

La cruz no te mejora; te mata. La sangre no te inspira; te limpia. Quien no entiende la cruz, no entiende la salvación.

1 Pedro 2:24 "Quien llevó él mismo nuestros _____ en su _____ sobre el madero, para que nosotros, estando _____ a los pecados, vivamos a la _____."

Mensaje del día: La cruz no fue un acto simbólico. Fue una sentencia. Jesús cargó lo que tú debías cargar. No fue un error histórico, fue una ejecución espiritual. En la cruz no murió un mártir, murió tu sustituto.

Tu problema nunca fue solo emocional o moral. Fue legal. Había un acta en tu contra y Cristo la clavó sobre su propio cuerpo. Por eso la cruz no es solo una historia conmovedora. Es una ejecución que te libera.

¿Qué palabra te confrontó más?

_____
_____
_____
_____

LA CRUZ: LO QUE REALMENTE OCURRIÓ

La cruz no fue un accidente. Fue un intercambio. Jesús ocupó tu lugar y recibió la condena que te correspondía. Dios no suavizó tu culpa. La transfirió a su Hijo.

En la cruz no murió "un inocente trágico". Murió el sustituto perfecto. Tu problema nunca fue solo emocional o moral. Fue legal. Había un "acta" en tu contra, y Cristo la clavó sobre su propio cuerpo.

Por eso la cruz no es una historia conmovedora. Es una ejecución que te libera.

La cruz demuestra esto:

- Tú eras culpable. / Él decidió ser castigado. / Tú merecías morir.

Él decidió morir en tu lugar. Eso no te hace sentir mejor. Te hace entender quién eras sin Cristo.

LA SANGRE: EL PRECIO REAL

Hebreos 9:22 dice que sin derramamiento de sangre no hay perdón. La sangre no es una metáfora espiritual. Es el costo exacto del pecado.

Nada que hiciste, prometiste o lloraste pudo pagarlo. Solo la sangre de Cristo cancela tu deuda.

Cuando el acusador te recuerde tu pasado, no respondas con tu historia. Responde con su sangre.

EL VIEJO HOMBRE: POR QUÉ TUVE QUE MORIR

Romanos 6 enseña que en la cruz no solo murió Cristo: murió tu viejo hombre. La cruz no viene a reparar lo que eras, sino a terminarlo. Todo lo que te gobernaba fue clavado allí:
- tu orgullo,
- tus patrones,
- tus vicios,
- tus máscaras,
- tu pasado.

El bautismo pronto declarará públicamente esta verdad: Tú ya moriste. Lo que falta es creerlo.

LO QUE LA CRUZ ROMPE EN TI

- El dominio del pecado.
- La culpa acumulada.
- La condenación.
- Las mentiras internas.
- La esclavitud a tus hábitos.
- El miedo a no ser suficiente.
- El orgullo de creer que puedes salvarte.
- La cruz no solo trata tu conducta. Trata tu raíz.

LO QUE LA CRUZ PRODUCE EN TI

- Libertad real.
- Identidad nueva.
- Deseo de santidad.
- Obediencia nacida del amor.
- Autoridad sobre la tentación.
- Conciencia de lo que costó tu vida.
- La cruz no te hace religioso. Te hace resucitado.

DINÁMICA PRINCIPAL: ESCRIBE TU RESPUESTA A LA CRUZ

Actividad — Marca lo que más te confronta hoy:
[ ] Jesús tomó mi lugar
[ ] Yo estaba muerto espiritualmente
[ ] Mi pecado merecía juicio
[ ] Mi viejo hombre debe morir
[ ] Debo cargar mi cruz

Actividad del día (selección personal):
¿Por qué crees que Jesús tuvo que morir en tu lugar?
A) Porque Dios estaba enojado
B) Porque yo no podía pagar mi deuda
C) Porque era una tradición
D) Porque todos mueren

¿Por qué te cuesta?
_____
_____
_____
_____

FIN DE LA LECCIÓN

DÍA 16
LA CRUZ NO ES UN SÍMBOLO, ES UNA SENTENCIA

Isaías 53:5 "Mas él herido fue por nuestras _____, molido por nuestros _____; el castigo de nuestra paz fue sobre él, y por su _____ fuimos nosotros curados."

Mensaje del día: La cruz no fue un acto romántico. Fue una ejecución brutal. No fue un gesto de amor suave; fue una transferencia de culpa, juicio y sentencia. Todo lo que tú merecías, Él lo tomó. Todo lo que debía caerte a ti, cayó sobre Él.

Dios no te perdonó porque ignoró tu pecado, sino porque castigó tu pecado en Cristo.

2 Corintios 5:19 "Que Dios estaba en Cristo _____ consigo al mundo, no tomándoles en _____ a los hombres sus _____."

Esto significa que Dios no negó tu pecado, lo ejecutó en Cristo para no tener que ejecutarlo en ti.

Actividad 1 — Marca la opción que mejor describe cómo veías la cruz antes:
[ ] Un símbolo religioso
[ ] Un acto de amor
[ ] Un sacrificio necesario
[ ] El lugar donde yo debía estar

Actividad del día — Selección personal:
¿Por qué Jesús tuvo que morir en tu lugar?
A) Porque Dios estaba enojado
B) Porque yo no podía pagar mi deuda
C) Porque era una tradición religiosa
D) Porque todos mueren algún día

Marca una sola respuesta.

DÍA 17
LA SANGRE NO ES METÁFORA, ES PRECIO

Hebreos 9:22 "Y sin derramamiento de _____ no se hace remisión."

Mensaje del día: Tu pecado no se borra con lágrimas, ni con buenas obras, ni con promesas. Solo la sangre paga. La paga del pecado no es tristeza; es muerte. Por eso Cristo no vino a motivarte: vino a morir. Su sangre no cubre emociones; cubre culpa. Cada gota tenía tu nombre.

Actividad 1 — Selecciona la afirmación correcta:

1. **La sangre de Cristo:**
   [ ] Te mejora moralmente
   [ ] Te limpia completamente
   [ ] Te motiva emocionalmente

2. **La sangre es necesaria porque:**
   [ ] El pecado es fuerte
   [ ] El pecado mata
   [ ] Dios es estricto

Actividad 2 — Aparea la respuesta (une con una línea)

Une cada verdad con su significado correcto:

A. La sangre de Cristo
B. El pecado
C. La cruz
D. La remisión

1. ___ Cancela la deuda
2. ___ Produce muerte
3. ___ Es el precio pagado
4. ___ Es el lugar del sacrificio

Actividad del día — Respuesta personal (frase corta)
Completa esta oración:

"Ser limpiado por la sangre de Jesús significa para mí: _____

DÍA 18
LA CRUZ ROMPE EL PODER DEL PECADO

Romanos 6:6 "Sabiendo esto, que nuestro viejo _____ fue _____ juntamente con él, para que el cuerpo del _____ sea destruido, a fin de que no sirvamos más al pecado."

Mensaje del día: El pecado no se vence con fuerza de voluntad. Se vence con muerte. Mientras tu viejo hombre esté vivo, gobernará. La cruz no solo te perdona; te mata. Cristo no murió solo por ti; murió contigo. El bautismo anunciará públicamente esa muerte, pero la cruz la inició.

Q	W	E	R	T	Y	U	I	O	P	A	S	D	F	G	H
Z	X	C	V	B	N	M	Q	W	E	R	T	Y	U	I	O
A	S	D	F	G	H	J	K	L	Z	X	C	V	B	N	M
P	E	C	A	D	O	R	T	Y	U	I	O	P	A	S	D
M	N	B	V	C	X	Z	L	K	J	H	G	F	D	S	A
Q	W	E	R	T	Y	U	I	O	P	C	R	U	Z	A	M
L	K	J	H	G	F	D	S	A	M	N	B	V	C	X	Z
V	I	D	A	Q	W	E	R	T	Y	U	I	O	P	A	S
Z	X	C	L	A	V	O	S	B	N	M	Q	W	E	R	T
T	Y	U	I	O	P	A	S	D	F	G	H	J	K	L	Q
M	N	B	V	C	X	Z	A	U	T	O	R	I	D	A	D
D	S	A	N	G	R	E	Q	W	E	R	T	Y	U	I	O
O	P	I	U	Y	T	R	E	W	Q	Z	X	C	V	B	N
M	U	E	R	T	E	A	S	D	F	G	H	J	K	L	M
I	C	A	I	T	S	U	J	Z	X	C	V	B	N	M	Q
R	E	B	I	L	D	A	D	T	Y	U	I	O	P	A	S

PALABRAS A ENCONTRAR (10)

1. CRUZ
2. SANGRE
3. PECADO
4. VIDA
5. CRISTO
6. CLAVOS
7. MUERTE
8. JUSTICIA
9. LIBERTAD
10. AUTORIDAD

(Pueden aparecer en horizontal, vertical, diagonal o al revés.)

¿Qué aspecto de mi vieja vida hoy entrego definitivamente a la cruz?

DÍA 19
LA CRUZ RESTAURA TU IDENTIDAD

2 Corintios 5:21 "Al que no conoció _____, por nosotros lo hizo _____, para que nosotros fuésemos hechos _____ de Dios en él."

Mensaje del día: La cruz no solo borra tu pecado; reescribe tu identidad. No eres lo que sufriste, ni lo que hiciste, ni lo que otros dijeron. Eres lo que Cristo pagó por ti. La sangre no solo limpia; honra. No solo restaura; adopta. Dios no te llamó "perdonado". Te llamó "justicia".

Reflexión dirigida

¿Qué creencia falsa sobre ti destruye esta verdad?
_____
_____

Actividad
Escribe una declaración de identidad basada en este versículo.
_____
_____

DÍA 20
LA CRUZ TE DESATA DEL PASADO

Colosenses 2:14 "Anulando el acta de los _____ que había contra nosotros, que nos era contraria, quitándola de en medio y _____ en la cruz."

Mensaje del día: La cruz no solo borra tu pecado: reescribe tu identidad. No eres lo que sufriste, ni lo que hiciste, ni lo que otros dijeron. Eres lo que Cristo pagó por ti. La sangre no solo limpia: honra.
- No solo restaura: adopta.
- Dios no te llamó "perdonado". Te llamó "justicia".

Dinámica — CAMBIO DE IDENTIDAD
Marca solo una opción en cada línea:
1. Antes de Cristo yo me veía como:
   - [ ] Culpable
   - [ ] Fracasado
   - [ ] Rechazado
   - [ ] Indigno
2. Hoy, según el sacrificio de la cruz, soy:
   - [ ] Perdón solamente
   - [ ] Justicia de Dios
   - [ ] Mejor persona
   - [ ] Religioso
3. Lo que más ha dañado mi identidad ha sido:
   - [ ] Mi pasado
   - [ ] Mi familia
   - [ ] Mis errores
   - [ ] Lo que dijeron de mí

ACTIVIDAD DEL DÍA — DECLARACIÓN DE IDENTIDAD
Encierra la frase que hoy decides creer:
[ ] Ya no soy culpable / [ ] Ya no soy lo que hice / [ ] Ya no soy lo que sufrí
[ ] Ya no soy lo que dijeron / [ ] Soy justicia de Dios en Cristo

Hoy declaro que soy: _____

DÍA 21
LA CRUZ EXIGE RESPUESTA

Lucas 9:23 "Si alguno quiere venir en pos de mí, _____ a sí mismo, tome su _____ cada día y sígame."
Palabras a completar: niéguese – cruz

Mensaje del día: Cristo no murió para que tú sigas igual. La cruz no se celebra; se carga. No es un símbolo; es un estilo de vida. No puedes mirar la cruz y seguir justificando tus viejos patrones. No puedes decir "Cristo murió por mí" y vivir como si tú siguieras vivo.
Hoy no celebras la cruz. Hoy decides si la llevarás.

Actividad 1 - Marca lo que hoy estás dispuesto a negar:

[ ] Mi orgullo
[ ] Mi voluntad
[ ] Mi comodidad
[ ] Mis hábitos
[ ] Mis justificantes

Actividad 2 — FALSO O VERDADERO (CONFRONTACIÓN RÁPIDA)
Marca solo una por línea.
1. ____ Seguir a Cristo sin cruz es posible.
2. ____ Negarme a mí mismo significa perder identidad.
3. ____ La cruz es una decisión diaria, no un evento.
4. ____ Puedo cargar la cruz y seguir con mis mismos hábitos.
5. ____ Si Cristo murió por mí, yo también debo morir a mi vieja vida.

Cierre breve:
¿Cuál respuesta te confrontó más?

SEMANA 4 DIA 22
ARREPENTIMIENTO: MUERTE AL VIEJO HOMBRE

TEMA CENTRAL: No cambia el que llora. Cambia el que muere.

El arrepentimiento no es emoción; es renuncia. No es un sentimiento; es una sentencia.

Hechos 3:19 "Así que, _____ y _____, para que sean borrados vuestros _____."

Palabras: arrepentíos – convertíos – pecados

Reflexión inicial: Dios no pide lágrimas. Pide decisiones. No te pregunta cómo te sientes; te pregunta qué vas a soltar. El arrepentimiento no nace del dolor, sino de la verdad.

¿Qué palabra expuso más tu condición?

El arrepentimiento es el terreno donde Dios hace cirugía, el retiro próximo no es un evento; es un quirófano. Allí Dios va a tocar lo que tú escondiste, a romper lo que te esclavizó, a arrancar lo que te destruye y a sanar lo que nunca reconociste. Pero Dios no opera sobre orgullo vivo. Solo opera sobre gente que decidió morir.
Si esta semana no muere tu viejo hombre, en el retiro solo recibirás emociones. Si muere aquí, en el retiro recibirás libertad.

Esta semana no es opcional: es el umbral entre tu historia vieja y la que Dios quiere escribir. Esta es la semana donde decides si vas al retiro para sentir… o para resucitar.

¿QUÉ ES EL ARREPENTIMIENTO?
- No es llorar. No es sentir culpa. No es desahogarte.
- Arrepentirse es cambiar de dueño, de dirección y de voluntad.
- Es matar lo que te mata. Es renunciar a lo que te gobierna.
- Es decidir que Cristo tiene razón y tú estabas equivocado.
- Dios no transforma excusas. Solo transforma entregas.

EL ARREPENTIMIENTO ES UNA TUMBA, NO UN BALCÓN

Muchos quieren un Salvador, pocos quieren un Señor, porque Salvador **consuela**, pero Señor **gobierna**, y nadie se somete a un Señor sin primero morir como rey de sí mismo.

El arrepentimiento no es un llanto que **sube** a Dios, es un yo que **baja** a la tumba. Jesús colgaba entre dos hombres sentenciados; uno hablaba desde orgullo herido y exigía ser rescatado, el otro confesó su culpa, cambió de dueño y reconoció el señorío de Cristo sin condiciones. Allí, en la misma cruz que era sentencia, encontró salvación porque no intentó salvar su viejo yo, sino entregarlo, enseñándonos que arrepentirse es aceptar que Cristo tiene razón, renunciar al gobierno propio y morir al yo para nacer al Reino que solo Él puede gobernar.

El ladrón arrepentido (Lucas 23:39-43). Y uno de los malhechores que estaban colgados le injuriaba, diciendo: Si tú eres el Cristo, _____ a ti mismo y a nosotros. 40. Respondiendo el otro, le reprendió, diciendo: ¿Ni aun temes tú a Dios, estando en la misma _____? 41. Nosotros, a la verdad, justamente padecemos, porque recibimos lo que merecieron nuestros _____; mas éste ningún mal hizo. 42. Y dijo a Jesús: Señor, _____ de mí cuando vengas en tu reino. 43. Entonces Jesús le dijo: De cierto te digo que hoy _____ conmigo en el paraíso.

En su peor momento el ladrón arrepentido no exigió ser bajado de la cruz, sino que aceptó ser bajado de su ego.

- No pidió que Cristo lo salvara a su manera, pidió ser recordado por el Rey que estaba muriendo a su lado.
- No lideró multitudes, pero dirigió su corazón hacia el Dueño correcto, entendiendo que la grandeza en el Reino no se mide por tiempo en la plataforma, sino por rendición en la verdad.

"No es cuánto lloraste por tu pecado, sino cuánto murió tu apetito por él."

LA MUERTE DEL VIEJO HOMBRE

- Tu viejo yo no necesita comprensión: necesita crucifixión.
- Lo que proteges, te gobierna. Lo que entregas, Cristo lo rompe.
- El orgullo, la mentira, la doble vida, la adicción, el desorden, la ira, la impureza… nada de eso se cae con oración suave. Se cae con rendición total.
- La cruz ya mató a tu viejo hombre, pero tú debes dejar de resucitarlo.

DINÁMICA 1 — VERDADERO O FALSO

Marca una sola:
1. _____ El arrepentimiento es solo sentir culpa.
2. _____ Arrepentirse es cambiar de dirección.
3. _____ Dios transforma las excusas.
4. _____ El viejo hombre muere con emociones.

DINÁMICA 2 — ENCIERRA LA CORRECTA

Encierra solo una palabra por línea:
1. El arrepentimiento es:
   (emoción – renuncia – costumbre)
2. El viejo hombre necesita:
   (comprensión – paciencia – crucifixión)
3. Lo que proteges te:
   (bendice – gobierna – suelta)

DINÁMICA 3 — APAREA

Une correctamente:

A
1. Arrepentimiento
2. Excusas
3. Rendición
4. Orgullo

B
( ) Cambio real
( ) Estancamiento
( ) Resistencia
( ) Transformación

CIERRE DE DECISIÓN

Encierra una sola:
Hoy yo:
[ ] Quiero cambiar
[ ] Estoy en proceso
[ ] Decido morir

FIN DE LA LECCIÓN

DÍA 23
VERDAD ABSOLUTA

1 Juan 1:8 "Si decimos que no tenemos _____, nos engañamos a nosotros mismos."

Mensaje: El autoengaño es la cárcel más perfecta. Mientras no llames pecado a lo que es pecado, Dios no puede intervenir.

Actividad 1 — FALSO O VERDADERO

Marca solo una:
1. ____ Dios puede sanar lo que yo sigo ocultando.
2. ____ Llamar pecado al pecado abre la puerta a la libertad.
3. ____ El autoengaño retrasa mi proceso espiritual.
4. ____ Confesar es debilidad.

Actividad 2 — ENCIERRA LA VERDAD

Encierra solo una por línea:
1. El autoengaño produce:
   (libertad – avance – estancamiento)
2. La verdad produce:
   (vergüenza – castigo – libertad)
3. Dios trabaja con:
   (excusas – apariencias – verdad)

ACTIVACIÓN ESPECIAL — "YA NO CAMINO SOLO" (REDES / WHATSAPP)
FOTO CON UN MINISTERIO DE LA IGLESIA

Tómate una foto con uno de los ministerios de la iglesia (ujieres, danza, alabanza, niños, jóvenes, intercesión, discipulado, etc.) y súbela a tus redes o estado de WhatsApp con este mensaje exacto: "Hoy no camino sol@, tengo una nueva familia."

No expliques nada más, no te justifiques, no prediques. Solo declara tu nueva identidad en público.

DÍA 24
CORTE RADICAL

Lo que no cortes ahora, te destruirá después, lo que toleras hoy, te dominará mañana.
Dios no corta por ti lo que tú sigues justificando.
Cortar con cosas no es suave ni fácil, duele, pero salva la vida, porque es mejor perder algo que perderte a ti."

Actividad 1 — FALSO O VERDADERO (CONFRONTACIÓN)
Marca solo una:
1. ____Si algo me hace caer, Dios lo quitará cuando Él quiera.
2. ____El corte espiritual siempre duele, pero trae libertad.
3. ____Puedo seguir con lo mismo y aun así cambiar.
4. ____Cortar hoy evita una caída mañana.

Actividad 2 — ENCIERRA LA ACCIÓN CORRECTA
Encierra solo una por línea:
1. Cortar significa:
   (negociar – posponer – eliminar)
2. Lo que no corto:
   (sana – espera – crece)
3. Jesús habló de cortar porque:
   (exagera – ama – castiga)

Actividad 3— "EL BORRADO SANTO" (HOY MISMO)
Esto es parte del discipulado, no es opcional.

Hoy debes hacer **UNA de estas acciones reales**:
[ ] Borrar un contacto que me hace caer
[ ] Eliminar una aplicación que me contamina
[ ] Salirme de un grupo que me daña
[ ] Bloquear una persona incorrecta
[ ] Quitar acceso a algo que me domina

Si tu mano te es ocasión de caer, *córtala* y *échala* de ti." (Mateo 5:30,

Mensaje: Lo que no cortes ahora, te destruirá después.

DÍA 25
EXPOSICIÓN Y CONFESIÓN

Proverbios 28:13 "El que encubre sus _____ no prosperará."

Mensaje
El pecado oculto madura en silencio y gana poder, mientras que exponerlo a la luz a través de la confesión es el camino hacia la liberación y la sanidad

Actividad 1 — FALSO O VERDADERO (ROMPER EL ENGAÑO)
Marca solo una:
1. Mientras nadie sepa, no pasa nada.
   [ ] V [ ] F
2. La confesión debilita el pecado.
   [ ] V [ ] F
3. Dios sana lo que yo escondo.
   [ ] V [ ] F
4. El silencio protege mi proceso.
   [ ] V [ ] F

Actividad 2 — EL SEMÁFORO DEL ALMA
Marca un color a cada área:
Rojo = Lo oculto / Amarillo = Lo inestable/ Verde = Lo sano

- Mi carácter: [R] [A] [V]
- Mis relaciones: [R] [A] [V]
- Mi vida espiritual: [R] [A] [V]
- Mis pensamientos: [R] [A] [V]

ACTIVACIÓN REAL (HOY)
Habla hoy con tu líder o un creyente maduro, no tengas pena y dile que ore por ti pues "Necesitas sacar algo a la luz para ser libre."

ORACIÓN CORTA
"Señor, hoy rompo el silencio. Quiero ser libre. Amén."

DÍA 26
GIRO DEFINITIVO

Isaías 55:7
"Deje el _____ su camino."

Mensaje

Palabra: impío

ACTIVIDAD 1 — COMPLETA LA PALABRA CORRECTA
Escribe la palabra correcta en cada espacio:
1. El arrepentimiento no es un _____, es un giro.
2. No puedo caminar hacia Cristo si sigo mirando al _____.
3. Dios no bendice direcciones _____.
4. Cambiar de rumbo es una _____, no solo un deseo.
5. El que no cambia de _____, repite el mismo ciclo.
6. El arrepentimiento cancela el viejo _____.
7. La obediencia comienza cuando dejo mi _____.
8. No existe avance sin _____.
9. Dios honra decisiones _____.
10. Hoy decido dejar mi _____.

Palabras sugeridas: llanto, pasado, torcidas, decisión, dirección, camino, voluntad, renuncia, firmes, rumbo

- El arrepentimiento no es un llanto: es un giro.
- No puedes avanzar hacia Cristo caminando hacia tu viejo yo.

Marca qué dirección debes abandonar y hacia dónde debes moverte:
_____
_____

DÍA 27
FRUTO VISIBLE

Mateo 3:8 "Haced _____ dignos de _____."

ACTIVIDAD — FALSO O VERDADERO

Marca solo una:
1. El arrepentimiento verdadero siempre produce cambios visibles.
   [ ] Verdadero [ ] Falso
2. Puedo arrepentirme sin cambiar mi conducta.
   [ ] Verdadero [ ] Falso
3. Un pequeño acto de obediencia vale más que mil palabras.
   [ ] Verdadero [ ] Falso
4. El fruto es la evidencia de que hubo arrepentimiento.
   [ ] Verdadero [ ] Falso
5. Si nadie nota cambios en mí, igual puedo decir que cambié.
   [ ] Verdadero [ ] Falso
6. El arrepentimiento solo se demuestra en el altar.
   [ ] Verdadero [ ] Falso
7. La obediencia práctica revela lo que ocurrió en el corazón.
   [ ] Verdadero [ ] Falso
8. El fruto no es necesario si mis intenciones son buenas.
   [ ] Verdadero [ ] Falso

ACTIVACIÓN — MI PRIMER FRUTO
Escribe un cambio real y visible que comenzarás **HOY**:

_____

_____

DECLARACIÓN
Mi arrepentimiento será visible. No viviré de palabras, viviré de obediencia.

_____

El arrepentimiento no se mide por lágrimas, sino por cambios.
Un pequeño acto de obediencia vale más que mil emociones.

Escribe qué cambio concreto vas a comenzar hoy:

DÍA 28
QUEBRANTAMIENTO PREPARATORIO

Salmo 34:18 "Cercano está Jehová a los _____ de corazón."

Mensaje: El quebrantamiento no es destrucción, es apertura. Cuando te quiebras, Dios entra, cuando te endureces, Dios espera.

Escribe qué parte de tu corazón quieres que Dios toque en el retiro:
_____
_____

PREGUNTAS DE REFLEXIÓN
¿Qué te cuesta soltar más que todo?
_____

¿Qué área te da miedo que Dios trate en el retiro?
_____

¿Qué práctica o hábito estás listo para dejar morir hoy?
_____

DECLARACIÓN IDENTITARIA

Decido morir al viejo hombre. Renuncio a mis patrones. Suelto mis excusas. Entrego mis caminos. Que Dios rompa lo que yo nunca pude cambiar.
_____

ORACIÓN FINAL
Señor, hoy no te pido alivio.
Te pido muerte al viejo yo.
Destruye lo que me destruye.
Prepara mi espíritu para el retiro.
Llévame quebrado, sincero y entregado.
Amén.

ANTES DEL RETIRO: MI ÚLTIMA DECISIÓN COMO LA PERSONA QUE HE SIDO

La Semana 4 no terminó tu lucha; reveló lo que aún gobierna tu interior. El retiro no es un evento para emocionarte. Es un altar para morir. Dios no transforma lo que tú no decides entregar, y no resucita lo que tú no permites que muera. Hoy no llenas una hoja; abres una sepultura. Lo que escribas aquí será tratado por Dios con fuego. No temas. No huyas. No lo maquilles. Dios no puede liberar lo que tú escondes.

DINÁMICA 1 — MI ÚLTIMA RESISTENCIA
Escribe aquello que siempre has protegido, defendido o justificado.
Es tu ídolo personal. Entrégalo.

Escribo lo que más temo entregar:

_____
_____
_____

DINÁMICA 2 — MI NOMBRE ESPIRITUAL
En la Biblia, Dios cambiaba nombres cuando alguien moría por dentro y nacía por dentro. Abraham. Sara. Jacobo. Simón. Saulo.

Escribe cómo te llamabas espiritualmente antes (según tu pecado o tu pasado):
_____

Escribe cómo quieres que Dios te llame después del retiro:
_____

DINÁMICA 3 — COSAS QUE DEBO ROMPER ANTES DEL RETIRO
Marca lo que aún te ata. Sé honesto.
[ ] Relaciones que Dios no aprueba
[ ] Pecados que practico en secreto
[ ] Ira acumulada
[ ] Vergüenza que escondo
[ ] Mentiras que me digo
[ ] Apegos emocionales
[ ] Hábitos que gobiernan mi vida
[ ] El miedo a ser confrontado
[ ] Otro: _____

DINÁMICA 4 — LO QUE TRAIGO AL RETIRO

Cada cosa simboliza algo espiritual.
Biblia (verdad).
Cuaderno (memoria).
Bolígrafo (decisión).
Ropa cómoda (quebrantamiento).
Una prenda blanca (nuevo nacimiento).
Un sobre en blanco (confesión).
Una hoja negra (mi muerte).

LO QUE DECLARO

"Voy al retiro a morir a lo que fui. No voy a llorar. Voy a entregarme. No voy a impresionar. Voy a ser expuesto. No voy a ocultar. Voy a ser sanado. Cristo tendrá mi vida completa."

Firma: _____
Fecha: _____

RUMBO AL RETIRO

Esta semana es nuestro retiro. Los pastores, líderes y mentores estamos emocionados por recibirte. Hemos orado y preparado este tiempo con una sola expectativa: que tengas un encuentro real con Dios y con tu propósito.

No vas a algo extraño ni perderás el control. Es un paso sencillo de fe: apartarte unos días para escuchar a Dios con menos ruido y el corazón más abierto.

Ven con expectativas sanas. Dios no viene a condenar, viene a restaurar.
Este retiro es para gente dispuesta, no perfecta.

Creemos que Dios traerá claridad, descanso y dirección. Hará ajustes, romperá ciclos, sanará áreas cansadas y afirmará decisiones que has cargado en oración.

No entres como espectador. Entra a vivir tu proceso. Si vienes con un corazón abierto, no saldrás igual. No es coincidencia. Es una cita divina. Es una pausa para reposicionarte, ordenar tu fe y fortalecer tu caminar con Dios. Te esperamos con amor, honra y fe. Dios ya está trabajando desde ahora.

LLEGAMOS DEL RETIRO - RENOVADO

Lo que viviste en el retiro no fue un evento, fue un acto espiritual. No fuiste expuesto para herirte, sino para ser libre. Dios no abrió tu alma para avergonzarte, sino para sanar lo que llevabas oculto. El retiro no te cambió por emoción, sino por revelación. Confrontó quién eras sin Cristo, quebró al viejo hombre y arrancó lo que tú nunca hubieras tocado.

Ahora viene lo más importante: sellar lo que Dios hizo. Ese sello es el bautismo.

El retiro provocó una muerte interna; el bautismo hará pública esa muerte. Allí se entierra lo que Dios arrancó y se confirma lo que Dios habló. Por eso esta semana no busca informarte, sino prepararte para no volver atrás.

El bautismo te resucitará, te afirmará y te marcará para siempre. En las aguas no solo se entierra tu pasado, también nace tu nueva vida. El bautismo no solo declara tu muerte al viejo hombre... declara tu resurrección en Cristo. El bautismo te resucitará.

SEMANA 5 – DIA 29
EL BAUTISMO: MI MUERTE Y MI NACIMIENTO

TEMA CENTRAL: El bautismo no es una ceremonia bonita; es un funeral público y un nacimiento espiritual declarado.

TEXTO BASE PARA ESCRIBIR

Romanos 6:4 (RVR1960): "Porque somos sepultados juntamente con él para _____ por el bautismo, a fin de que como Cristo resucitó de los _____ por la gloria del _____, así también nosotros andemos en _____ _____."

Palabras a completar: muerte – muertos – Padre – vida – nueva.

Subraya en tu Biblia las palabras: **sepultados – bautismo – resucitó – vida nueva**

REFLEXIÓN INICIAL

El bautismo no fue idea de una iglesia: fue mandato de Jesús.

No es una foto para redes; es un acta de defunción del viejo hombre y un acta de nacimiento para la nueva criatura.

Lo que Dios trató en tu corazón en el retiro **"Muerte y Resurrección"** ahora debe ser sellado y declarado delante del cielo, de la tierra y del infierno. El bautismo es tu manera de decirle públicamente a todos tus antiguos señores: **"Ya no mando yo; manda Cristo."**

¿Qué palabra de Romanos 6:4 te sacudió más: "sepultados" o "vida nueva"? ¿Por qué?

_____
_____
_____
_____

El bautismo no es una ceremonia ni un requisito de iglesia sino una declaración espiritual. No entrarás al agua como quien toma una decisión simbólica. Entrarás como quien entrega una vida completa. El bautismo no funciona si el viejo hombre sigue vivo. Por eso es fundamental que integres lo que Dios tocó en el retiro. Lo que el Espíritu expuso allí debe ser enterrado aquí. Ninguna experiencia profunda se sostiene si no es sellada con obediencia y renuncia real.

¿QUÉ ES REALMENTE EL BAUTISMO?

El bautismo **no** es:
- Cambiar de denominación.
- "Formalizar" que asistes a una iglesia.
- Un ritual para quedar bien.
- Una tradición de familia.

El bautismo **sí es**:
- Un **acto legal y espiritual** donde declaras que tu vieja vida ha muerto con Cristo.
- Una identificación total con su muerte, sepultura y resurrección.
- Una obediencia pública que marca un antes y un después.
- Un anuncio al mundo espiritual: "esta vida tiene nuevo dueño".

LA TUMBA DEL VIEJO YO

Romanos 6:6 dice que nuestro "viejo hombre fue crucificado juntamente con Él".
La cruz hizo el trabajo interno.

El bautismo hace la declaración externa.
Tu viejo "yo" no necesita rehabilitación: necesita sepultura.
No fuiste llamado a mejorar tu carácter; fuiste llamado a enterrarlo.

En el bautismo, **baja** al agua:
- El orgulloso,
- El manipulador,
- El adicto,
- El que llevaba la doble vida,
- El que quería mandar sobre Dios.

Y **sube** del agua:
- El hijo,
- El siervo,
- El discípulo,
- El templo del Espíritu Santo,
- El que vive para obedecer, no para negociar.

Completa con sinceridad:
"Lo que tiene que ser sepultado en mi bautismo es…"
   1.
   2.
   3.

LA RESURRECCIÓN: NO ES TEORÍA, ES ESTILO DE VIDA

Romanos 6:4 termina diciendo: "así también nosotros andemos en vida nueva".
Vida nueva significa:
- Nuevas decisiones.
- Nuevas prioridades.
- Nuevos hábitos.
- Nuevas relaciones.
- Nuevo gobierno: ya no decides solo; decides bajo Cristo.

Si "aceptaste a Cristo" pero sigues viviendo igual, no entendiste ni la cruz ni el bautismo.

El bautismo es el grito público de una verdad privada:
"Lo viejo terminó. Hay otra vida en mí."

EL BAUTISMO Y LA OBEDIENCIA

Mateo 28:19 no es un consejo; es una orden:
"Id… y bautizándolos…"
No hay discipulado bíblico sin bautismo.
No hay señorío sin obediencia.
No hay "Jesús es mi Rey" si te niegas a entrar al agua.

Pregúntate con honestidad:
- ¿He retrasado mi bautismo por miedo, orgullo o comodidad?
- ¿He reducido el bautismo a una tradición sin entender su peso espiritual?

Escribe la razón más honesta por la que has dudado o postergado el bautismo (o por la que lo tomaste a la ligera en el pasado):

_____
_____
_____

EL BAUTISMO Y LA GUERRA ESPIRITUAL
Jesús fue bautizado… y luego el Espíritu lo llevó al desierto (Mateo 3 y 4). Después del "sí" público, vino la prueba.

El bautismo no termina la guerra.
El bautismo define de qué lado peleas.

En el mundo espiritual, el bautismo marca:
- A quién perteneces,
- Bajo qué autoridad caminas,
- Desde qué victoria peleas.

Las tinieblas respetan lo que tú sellas en obediencia, no lo que solo prometes en emoción.

DINÁMICA PRINCIPAL
"MI FUNERAL PÚBLICO"
Imagina el día de tu bautismo como un funeral espiritual. No será solo una celebración: será un entierro.

Escribe aquí un párrafo como si redactaras el anuncio de un funeral:
"Hoy muere oficialmente…"

_____
_____
_____

"Y nace públicamente…"

_____
_____
_____

Este texto podrá leerse (privada o públicamente) antes del bautismo, como señal de que tú mismo estás de acuerdo con la muerte del viejo hombre.

_____
_____

FIN DE LA LECCIÓN

DÍA 30
¿QUÉ ES EL BAUTISMO?

Entender que el bautismo no es una costumbre religiosa, sino una orden de Cristo y una declaración pública de lo que Él ya hizo en tu corazón.

1. Orden de Jesús
Lee Mateo 28:19-20.
1. ¿Quién fue el que instituyó el bautismo?

2. Según este pasaje, ¿es el bautismo una sugerencia o un mandamiento?
   ❏ Sugerencia
   ❏ Mandamiento
   ¿Por qué cree eso?

3. ¿Para quiénes es el bautismo según el mandato de Jesús?

2. No es un rito vacío
Lee Hechos 2:37-38.
4. ¿Qué ocurrió primero en las personas que escucharon a Pedro:
   ❏ Cambiaron de religión
   ❏ Fueron "compungidos de corazón" (convicción de pecado)
   Explica con tus palabras qué significa "ser compungido de corazón":

5. ¿Qué dos cosas pidió Pedro que hicieran?
   a) _____
   b) _____

6. ¿Qué lugar ocupa el bautismo en el proceso de la salvación según este texto?

3. El bautismo es una señal visible de una obra invisible

En tu caso personal, ¿ya hubo un momento donde te arrepentiste y recibiste a Cristo conscientemente?
❏ Sí
❏ No / No estoy seguro
Si recuerdas ese momento, descríbelo brevemente:

DÍA 31
MI MUERTE CON CRISTO

Comprender que el bautismo declara que mi vieja vida terminó delante de Dios.
Lee Romanos 6:1–7. ¿Qué frase se repite en este pasaje acerca del pecado y nosotros?
"Hemos _____ al pecado."

1. ¿Qué significa para ti estar "muerto al pecado"?
   _____

2. El versículo 3 dice que fuimos "bautizados en la muerte de Cristo".
   Marca lo que mejor lo describe:
   ❏ Es solo una metáfora sin efecto
   ❏ Es una identificación espiritual real: me uno a su muerte

La tumba del "yo"
Lee Gálatas 2:20. "Con Cristo estoy juntamente _____."

Según este versículo, ¿quién ya "no vive"? _____

¿Qué cosas de tu "viejo hombre" deben quedar sepultadas?
(marca las que apliquen)
❏ Orgullo
❏ Mentiras
❏ Inmoralidad
❏ Rencor
❏ Vicios
❏ Rebeldía
❏ Otro: _____

Escribe tres cosas específicas que reconoces como parte de tu vida vieja que deben morir:
1. .
2. .
3.

En una hoja aparte, escribe una lista titulada: "LO QUE DECIDO ENTERRAR CON CRISTO" Ora y preséntasela a Dios. Si lo deseas, puedes romper esa hoja como símbolo de renuncia.

DÍA 32
MI NACIMIENTO Y RESURRECCIÓN CON CRISTO

Ver el bautismo como una salida de la tumba hacia una vida totalmente nueva.
Lee Romanos 6:4–11.

1. ¿Para qué somos levantados a través de la resurrección de Cristo?
   "Para que andemos en _____ _____."
2. Según el versículo 5, si fuimos plantados juntamente con Él en la semejanza de su muerte, ¿qué más sucederá?

3. ¿Cómo describe este pasaje la nueva vida del creyente?
   ❏ Vida igual, pero con religión
   ❏ Vida nueva, gobernada por Cristo

La evidencia de la resurrección

4. Menciona al menos **tres evidencias** que deberían aparecer en alguien que ha "resucitado con Cristo":
   1. Cambio en sus deseos: _____
   2. Cambio en sus decisiones: _____
   3. Cambio en sus relaciones: _____

Lee Colosenses 3:1–3.

5. ¿Dónde deben estar "puestas" ahora tus miradas?

6. Según estos versículos, ¿dónde está escondida tu verdadera vida?

PARA REFLEXIONAR
Termina esta frase con honestidad:
"Si de verdad he resucitado con Cristo, pronto se verá en mí que…"

PARA HACER
Hoy escoge una conducta concreta que era parte de tu vieja naturaleza y decide no practicarla. Anótala:

DÍA 33
EL BAUTISMO Y LA OBEDIENCIA

Ver el bautismo como la primera gran obediencia pública de un discípulo.
Lee Hechos 8:26–39 (el eunuco etíope).

1. Después de entender el evangelio, ¿qué pregunta hace el eunuco?

2. ¿Qué condición pone Felipe para bautizarlo?

3. ¿Qué te enseña este pasaje sobre la relación entre fe, entendimiento y bautismo?

El bautismo como declaración pública

4. ¿Crees que es posible decir "Cristo es mi Señor" y negarse a obedecerle en el bautismo?
   ❏ Sí
   ❏ No
   Explica tu respuesta:

5. Completa esta frase en tus palabras:
   "Bautizarme es decirle al mundo que…"

6. ¿Qué cosas te dan temor o vergüenza en cuanto a bautizarte (o en cuanto a tu bautismo pasado)?

DÍA 34
EL BAUTISMO Y LA GUERRA ESPIRITUAL

Entender que el bautismo **no termina la batalla**, sino que **marca tu posición** en el Reino.

Lee Mateo 3:13–17 y luego Mateo 4:1–11.

1. ¿Qué sucede inmediatamente después del bautismo de Jesús?

2. ¿Crees que el hecho de ser bautizado te librará de las tentaciones?
   - ❏ Sí
   - ❏ No

   Explica:

3. ¿Qué usó Jesús para vencer las tentaciones del diablo en el desierto?

Tres enemigos, tres respuestas

Relaciona:
- Mundo → _____ (Romanos 12:2)
- Carne → _____ (Gálatas 5:16)
- Diablo → _____ (Santiago 4:7)

4. ¿Cuál de estos tres enemigos te está atacando más fuerte en esta temporada?
   - ❏ Mundo
   - ❏ Carne
   - ❏ Diablo

   ¿Por qué lo crees?

5. ¿Qué decisión práctica puedes tomar esta semana para pararte firme después de tu bautismo (o de tu decisión por Cristo)?

PARA HACER

Escribe una oración corta de guerra espiritual, entregando a Dios tus áreas de lucha y declarando tu posición en Cristo:

DÍA 35
AFIRMANDO MI PACTO

Objetivo del día Cerrar la semana con una declaración consciente: "Mi vida le pertenece a Cristo, y mi bautismo lo demuestra".

1. De todo lo que has estudiado esta semana, ¿qué verdad sobre el bautismo te impactó más? _____

2. Termina esta frase: "Entiendo ahora que el bautismo no es solo agua, es..." _____

3. Marca lo que hoy puedes decir con sinceridad:
❏ He nacido de nuevo y ya fui bautizado.
❏ He nacido de nuevo, pero aún no me he bautizado.
❏ Necesito afirmar mi decisión por Cristo antes de pensar en bautizarme.

Escribiendo mi pacto con Dios Toma este espacio para escribir un pacto personal:
- ¿Qué dejo atrás?
- ¿Qué abrazo como vida nueva?
- ¿Qué decido obedecer?

"Señor Jesús, delante de Ti declaro que..." _____
_____ _____

Firma: _____
Fecha: ___ / ___ / _____ _____

SEMANA 6 – DIA 36
EL ESPÍRITU SANTO: PODER, SANTIDAD Y DIRECCIÓN

TEMA CENTRAL: El Espíritu Santo no es un extra. Sin Él, solo tienes religión; con Él, tienes vida.

Hechos 1:8 "Pero recibiréis _____, cuando haya venido sobre vosotros el _____ _____, y me seréis testigos en _____, en toda _____, en _____, y hasta lo último de la _____."

Palabras a completar: poder – Espíritu – Santo – Jerusalén – Judea – Samaria – tierra.

Subraya en tu Biblia: **recibiréis poder – Espíritu Santo – testigos**

REFLEXIÓN INICIAL
Jesús no dijo:
"Recibiréis organización…" / "Recibiréis emoción…"/ "Recibiréis conocimiento…"

Dijo: "Recibiréis poder…"
El Espíritu Santo no es un lujo doctrinal, es la única forma de vivir la vida cristiana de verdad.

Sin Él, todo se vuelve esfuerzo humano, activismo ministerial, culpa y cansancio.
Con Él, hay convicción, dirección, santidad y autoridad.

Muchos quieren:
- La salvación del Padre, / La gracia del Hijo

Pero siguen ignorando la persona del Espíritu.
Sin el Espíritu Santo:
- Lees la Biblia, pero no te lee a ti.
- Vas a la iglesia, pero no eres iglesia.
- Sirves, pero no permaneces.
- Luchas, pero casi siempre pierdes.

Escribe:
¿Qué palabra de Hechos 1:8 te sacudió más: "poder", "Espíritu Santo" o "testigos"? ¿Por qué?

¿QUIÉN ES EL ESPÍRITU SANTO?

El Espíritu Santo no es:
- Una fuerza, / Una energía, / Una sensación, / Una atmósfera, /
- Una idea mística.

El Espíritu Santo **es Dios**:
- Es una Persona que habla, guía, entristece, enseña, convence.
- Es el Espíritu de Cristo habitando dentro de ti.
- Es el que te convence del pecado que tu ego no quiere admitir.
- Es el que te recuerda lo que quieres olvidar, pero Dios quiere tratar.

Juan 14:16-17 lo llama: "otro Consolador… el Espíritu de verdad".
No vino a entretenerte; vino a gobernarte.
No vino a ayudarte a "sentir más bonito", sino a ayudarte a obedecer mejor.

LA OBRA INICIAL Y CONTINUA DEL ESPÍRITU

Obra inicial (cuando fuiste salvo)

El Espíritu Santo:
- Te convenció de pecado (Juan 16:8). /
- Te hizo nacer de nuevo (Juan 3:3-8).
- Te bautizó en el Cuerpo de Cristo (1 Corintios 12:13).
- Te selló como propiedad de Dios (Efesios 1:13).
- Vino a habitar en ti (1 Corintios 3:16).

No te convertiste porque eres sensible: Te convertiste porque el Espíritu te despertó de entre los muertos.

Obra continua (ahora que caminas con Cristo)

El Espíritu Santo:
- Te **enseña** (Juan 14:26).
- Te **recuerda** lo que Dios habló (Juan 14:26).
- Te **guía** (Romanos 8:14).
- Te **intercede** cuando no sabes orar (Romanos 8:26-27).
- Te **llena** (Efesios 5:18).
- Produce su **fruto** (Gálatas 5:22-23).

Sin Él, terminas tratando de ser santo con tu carne, y te frustra. Con Él, la santidad deja de ser una tortura y se vuelve fruto.

Escribe:
¿En qué área sientes más fuerte la obra del Espíritu en este tiempo?

_____

_____

EL ESPÍRITU Y LA SANTIDAD
Gálatas 5:16 no dice:
- "Esfuérzate tú y no satisfarás los deseos de la carne."
  Dice: **"Andad en el Espíritu, y no satisfagáis los deseos de la carne."**

La carne no se vence solo con fuerza de voluntad: Se vence con dirección del Espíritu.

Sin el Espíritu:
- La santidad se vuelve una lista de reglas.
- Terminas siendo legalista, duro, crítico o frustrado.

Con el Espíritu:
- La santidad se vuelve consecuencia de una relación viva.
- El pecado empieza a perder sabor.
- La obediencia deja de ser tortura para volverse respuesta de amor.

EL ESPÍRITU Y LA DIRECCIÓN
Romanos 8:14: "Porque todos los que son guiados por el Espíritu de Dios, éstos son hijos de Dios."

No dice: "Los que se guían a sí mismos". Un hijo de Dios no vive a golpes de emoción, impulsos y ocurrencias: vive **guiado**.

El Espíritu Santo:
- Te incomoda cuando vas hacia el lugar equivocado.
- Te redirige cuando insistes en una relación tóxica.
- Te frena cuando quieres avanzar sin carácter.

- Te impulsa cuando te quieres quedar por miedo.

Aprender a escuchar al Espíritu implica:
- Morir al ego,
- Someter tus planes,
- Dejar que Dios tenga la última palabra.

MODO (ADN) –

En esta casa, el Espíritu Santo no es solo "el del momento de adoración fuerte". Es el que diseña nuestro ADN:

- No formamos gente talentosa sin Espíritu, sino gente sensible al Espíritu.
- No queremos ministerios que se mueven por agenda, sino por dirección.
- No queremos líderes llenos de ideas, sino llenos del Espíritu.

Aquí:
- No abrazamos dones sin carácter.
- No exaltamos manifestaciones sin fruto.
- No perseguimos experiencias que no producen obediencia.

En esta casa, depender del Espíritu no es místico: es normal.

Preguntas que rasgan:
1. ¿Qué decisiones importantes he tomado sin consultar al Espíritu?
2. ¿Escucho más mi impulso o la voz de Dios?
3. ¿Me interesa más "sentir a Dios" o obedecer al Espíritu?

FIN DE LA LECCIÓN

DÍA 37
EL ESPÍRITU QUE CONVENCE

Juan 16:8 "Y cuando él venga, convencerá al mundo de _____, de _____ y de _____."
Palabras: pecado – justicia – juicio.

Mensaje del día: El primer abrazo del Espíritu no fue de consuelo: fue de **convicción**. Antes de sanarte, te mostró tu condición.

Antes de levantarte, te mostró qué te estaba matando.
Donde hay Espíritu, hay convicción profunda, no solo emociones bonitas.
El pecado deja de ser "una debilidad" y se revela como una traición.
La justicia deja de ser teoría y se vuelve necesidad.
El juicio deja de ser un concepto y se vuelve advertencia.

Actividad
1. Escribe un momento donde sentiste claramente convicción del Espíritu:

2. ¿Qué pecado te está convenciendo hoy que ya no puedes seguir tolerando?

Ora: "Espíritu Santo, no me dejes cómodo en lo que te ofende."

DÍA 38
NACER DEL ESPÍRITU

Juan 3:5 "De cierto, de cierto te digo, que el que no naciere de _____ y del _____, no puede entrar en el reino de Dios."

Palabras: agua – Espíritu.

Mensaje del día: No naciste de nuevo por repetir una oración. Naciste de nuevo porque el Espíritu te hizo otra persona por dentro.

El nuevo nacimiento no es:
- Cambiar de iglesia,
- Cambiar de amigos,
- Cambiar de vocabulario.

El nuevo nacimiento es:
- Cambiar de naturaleza,
- Cambiar de dueño,
- Cambiar de espíritu.

Dinámica
Verdadero o falso:
1. ____ El nuevo nacimiento es solo "sentirse diferente".
2. ____ El Espíritu Santo cambió mi naturaleza interior.
3. ____ Sin el Espíritu, solo cambio conductas, no esencia.

Actividad
Describe con tus palabras en qué notas que "naciste de nuevo":

_____
_____

Si sientes que no ha habido un cambio real de naturaleza, también escríbelo. Dios trabaja con la verdad:

_____
_____

DÍA 39
ANDAR EN EL ESPÍRITU

Gálatas 5:16 "Digo, pues: Andad en el _____, y no satisfagáis los deseos de la _____."

Palabras: Espíritu – carne.

Mensaje del día: No dice: "Esfuérzate en tu carne para vencer la carne".
Dice: "Andad en el Espíritu..."

Andar en el Espíritu es:
- Consultar a Dios antes de moverte.
- Obedecer aun cuando no entiendas.
- Cortar lo que Él te pide, aunque lo ames.
- Cuidar tu ambiente interior para que Él se sienta honrado.

La carne no se apaga con culpa, sino con presencia.
El pecado no se seca con auto odio, sino con dependencia.

Dinámica
Completa las frases:
1. Normalmente satisfago los deseos de mi carne cuando:

2. Andar en el Espíritu para mí hoy significa:

Actividad
Hoy toma una decisión concreta guiada por el Espíritu (perdonar, callar, pedir perdón, no contestar, cortar algo, sembrar en alguien).
Escríbela:

DÍA 40
SER LLENO DEL ESPÍRITU

Efesios 5:18 "No os _____ con vino, en lo cual hay _____, antes bien sed llenos del _____."

Palabras: embriaguéis – disolución – Espíritu.

Mensaje del día: La llenura del Espíritu no es un evento aislado de un culto.
Es un estilo de vida.
Pablo no dice: "Fueron llenos".
Dice: "Sed llenos…" (continua, presente).

Ser llenos implica:
- Ceder el control,
- Dejar que Él decida,
- Abrirle espacios a Dios en tu agenda, mente, cuerpo y emociones.

Donde hay llenura del Espíritu:
- Hay dominio propio.
- Hay gozo en medio del caos.
- Hay paz en medio de procesos.
- Hay sensibilidad ante el pecado.

Dinámica
Marca lo que has confundido con "ser lleno del Espíritu":
[ ] Sentir escalofríos y emociones fuertes.
[ ] Gritar, llorar o caer.
[ ] Hablar mucho de Dios.
[ ] Producir fruto real de cambio.

Actividad
Haz esta oración en voz alta:
"Espíritu Santo, hoy cedo el control. Lléname. Gobierna mis pensamientos, mis decisiones y mis reacciones."
Luego escribe qué área te cuesta más entregar:

DÍA 41
SER GUIADO POR EL ESPÍRITU

Romanos 8:14 "Porque todos los que son _____ por el Espíritu de Dios, éstos son _____ de Dios."
Palabras: guiados – hijos.

Mensaje del día: Hijo no es solo el que cree:
Hijo es el que se deja guiar.
Ser guiado implica:
- Aceptar un "no" de Dios.
- Aceptar un "espera".
- Aceptar un "no por ahí, por aquí".
- Aceptar que tu lógica no siempre coincidirá con Su voluntad.

Dios no te guiará siempre por lo que te conviene, sino por lo que te transforma.

Dinámica
Responde:
1. En los últimos meses, ¿qué decisión importante tomaste casi sin orar?

2. ¿En qué área necesitas urgentemente dirección del Espíritu?

Actividad
Escribe una oración específica de dirección:
"Espíritu Santo, necesito que me guíes en…"

Durante esta semana, estate atento a:
- Palabra,
- Consejos maduros,
- Paz o falta de paz,
- Convicción interna.

DÍA 42
ORAR EN EL ESPÍRITU

Judas 20 "Pero vosotros, amados, edificándoos sobre vuestra santísima fe, orando en el _____ _____."

Palabras: Espíritu – Santo.

Mensaje del día: Orar en el Espíritu no es solo hablar en lenguas: Es orar alineado al corazón de Dios, no a tus caprichos.

Es:
- Orar sometido,
- Orar con la Palabra abierta,
- Orar escuchando, no solo hablando,
- Orar dejando que Él revise tus motivos.

Orar en el Espíritu te edifica.
Orar en la carne solo te desahoga.

Dinámica final de la semana
Marca lo que describe mejor tu vida de oración hoy:
[ ] Oro poco y sin dirección.
[ ] Oro mucho, pero casi siempre pido lo mismo.
[ ] Oro más cuando tengo problemas.
[ ] Oro buscando alinearme con lo que el Espíritu quiere.

ORACIÓN FINAL DE LA SEMANA
"Espíritu Santo, reconozco que sin Ti no puedo. Tú me convenciste, me diste vida, me sellaste. Hoy te pido que me llenes, me guíes y me santifiques.
No quiero caminar solo con información de Dios; quiero caminar bajo Tu dirección diaria. Haz de mí un testigo con fruto, con carácter y con obediencia.
Amén."

SEMANA 7 DIA 43
LA IGLESIA, EL CUERPO DE CRISTO Y MI LUGAR EN ÉL

TEMA CENTRAL:
No fuiste salvado para caminar solo. El Reino no se vive aislado. La Iglesia no es un lugar al que voy, es un cuerpo del que formo parte y una familia que me forma.

El Espíritu te dio vida nueva y ahora necesitas un cuerpo donde crecer. La Iglesia no es un lugar donde te reúnes sino un hogar donde te forman. Tu vida nueva no puede madurar en aislamiento. La fe que no se conecta se debilita, la fe que no se somete se deforma y la fe que no se integra se pierde. Esta semana establece tu vida espiritual dentro de la estructura que Dios diseñó para sostener tus decisiones.

Jesús te salvó y el Espíritu te transformó, pero la Iglesia te afirmará en el camino para que no regreses a lo que fuiste.

TEXTO BASE PARA ESCRIBIR
Efesios 4:16 "De quien todo el _____, bien concertado y unido entre sí por todas las _____ que se ayudan mutuamente, según la actividad propia de cada _____, recibe su crecimiento para ir edificándose en _____."

REFLEXIÓN INICIAL

La salvación te reconcilió con Dios, pero el discipulado te reconcilia con Su pueblo. La caída te aisló, el orgullo te separó y el pecado te escondió; pero Cristo te injertó en algo más grande que tú mismo: Su Cuerpo, su Familia y su Misión.

La iglesia no es un evento al que asistes, es un organismo al que perteneces. No es una institución que visitas, es un cuerpo vivo que te sostiene. No es un club espiritual que consumes, es tu nueva identidad en Cristo.

LA IGLESIA COMO CUERPO: NO ERES PIEZA SUELTA
Un cuerpo donde un miembro se desconecta, se enferma.
Y un creyente desconectado, se enfría.

Como enseña Romanos 12 (resumido), cada uno tiene una función distinta:
— unos sirven, / — otros enseñan, / — otros exhortan, / — otros administran, — otros muestran misericordia.

Lo que tú no haces, el cuerpo lo siente. Lo que tú haces, el cuerpo lo disfruta.

Preguntas de diagnóstico
1. ¿Qué parte del cuerpo soy hoy realmente?
2. ¿Estoy aportando… o absorbiendo?
3. ¿Estoy unido… o solo asistiendo?

LA IGLESIA COMO FAMILIA: NO ERES VISITANTE, ERES HIJO

Efesios 2:19 dice que ya no eres extranjero, sino miembro de la familia de Dios.

Una familia tiene:
— mesa,
— corrección,
— honra,
— herencia,
— protección.

En una familia espiritual madura no hay "clientes" ni "consumidores":
hay hijos que crecen, sirven y heredan.

Un visitante exige; un hijo aporta. Un espectador critica; un hijo construye.

Reflexiona: ¿Te comportas como visitante… o como hijo?

LA IGLESIA COMO MISIÓN: NO SOMOS ESTACIONADOS, SOMOS ENVIADOS

Hechos 2:42–47 muestra una iglesia viva, conectada, constante y multiplicadora. No era un grupo reunido en un templo: eran personas transformadas llenando casas, calles y ciudades con el Reino.
Jesús no dijo: *"vengan y observen"*
Él dijo: *"vayan y hagan discípulos"*.

Verdad espiritual:
Si tu fe solo ocurre dentro del templo, aún no entendiste tu misión.

Preguntas que confrontan
— ¿Qué ambiente cambia cuando yo llego?
— ¿Quién está conociendo a Cristo por causa mía?
— ¿Qué lugar de mi vida se convirtió en campo misionero?

MIS DONES: MI HERRAMIENTA PARA EDIFICAR

Dios no solo te salvó, te equipó.
Según Romanos 12 y Éxodo 31 (Bezaleel), Dios llena a las personas:
— de sabiduría,
— de habilidad,
— de gracia,
— de creatividad,
— de servicio.
Lo que tú sabes hacer **es parte del diseño del cuerpo.**

Verdad espiritual:
Tu don no es adorno, es herramienta.
Tu habilidad no es casualidad, es asignación.

DINÁMICA PRINCIPAL — "MI LUGAR EN EL CUERPO"

Completa estas líneas:
1. El don o habilidad que Dios ha puesto en mí es:

2. El cuerpo necesita esto de mí:

3. Lo que debo dejar, aprender o ajustar para servir mejor es:

4. La excusa que más me ha limitado para servir es:

5. ¿Estoy listo para ser parte activa y no espectador?
   [ ] Sí
   [ ] Aún lucho
   [ ] No sé cómo iniciar

PREGUNTAS QUE PROFUNDIZAN

1. ¿Qué parte de la iglesia te cuesta más abrazar: ¿el cuerpo, la familia o la misión?
2. ¿Qué relación necesitas restaurar o fortalecer dentro de la iglesia?
3. ¿Qué mentira te dijo el enemigo sobre "no pertenecer"?
4. ¿Qué área tuya necesita alinearse a la unidad del cuerpo?
5. ¿Qué actitud personal ha debilitado más tu conexión con la iglesia?
6. ¿Quién te discípulo… y a quién estás discipulando tú?

7. ¿Cómo definirías tu responsabilidad espiritual dentro del cuerpo?

DECLARACIÓN IDENTITARIA

"Soy parte del Cuerpo de Cristo.
No fui llamado a caminar solo.
Rechazo el aislamiento, rechazo el orgullo, rechazo la apatía.
Abrazo mi función, abrazo mi casa espiritual, abrazo la misión.
No seré visitante: seré hijo. No seré espectador: seré constructor.
No seré carga: seré columna. Donde Dios me plantó, allí daré fruto.
Soy cuerpo. Soy familia. Soy misión."

Hazme parte del movimiento de Tu Reino, no por emoción, sino por convicción.

FIN DE LA LECCIÓN

DÍA 44
LA IGLESIA COMO FAMILIA: NO ERES VISITANTE, ERES HIJO

Efesios 2:19 dice que ya no eres extranjero, sino miembro de la familia de Dios.

Mensaje del día: : No eres una pieza suelta. No eres visitante.
Eres parte de un cuerpo donde tu presencia edifica y tu ausencia duele.
Dios no te diseñó para ser espectador, sino miembro vivo.
El cuerpo se debilita cuando un miembro se desconecta.

Pregunta de reflexión:
¿Qué parte de mi vida espiritual he vivido como "espectador" y no como miembro activo?

Marca al menos DOS áreas en las que te comprometes a servir desde esta semana:

[ ] Limpieza
[ ] Orden
[ ] Apoyo en cultos
[ ] Oración
[ ] Evangelismo
[ ] Logística
[ ] Bienvenida
[ ] Ayuda social
[ ] Otras que no hayas sentido.

Actividad:
Si algunas no están en el listado , escríbelas aquí para servir al cuerpo.

DÍA 45
LA IGLESIA ES UNA FAMILIA ESPIRITUAL

Efesios 2:19 "Así que ya no sois extranjeros ni _____, sino _____ juntamente con los santos, y miembros de la _____ de Dios."
Palabras: advenedizos – conciudadanos – familia.

Mensaje del día: En Cristo, no eres forastero.
No eres invitado temporal.
Eres familia.
La familia espiritual no solo se visita: se construye, se honra, se protege.

Actividad: 1
Marca cuál actitud te ha robado la experiencia de vivir como familia:
[ ] Independencia
[ ] Desconfianza
[ ] Orgullo
[ ] Aislamiento
[ ] Heridas no sanadas

Actividad: 2
Escribe una relación dentro de la iglesia que necesitas fortalecer:
_____
_____
_____

DÍA 46
LA IGLESIA ES MISIÓN: TODOS SOMOS ENVIADOS

Mensaje del día: Seguir a Cristo nunca termina en un asiento, termina en una misión. No existe miembro inútil en el Reino, todos cargan un propósito que impacta a alguien. El lugar donde estás —tu trabajo, tu casa, tu barrio— es tu campo misionero. Y ahora que ya estás a punto de ser bautizado, el llamado es claro: no entres solo al agua, entra ya como pescador de vidas.

Así como un día alguien te habló de Cristo, ahora te toca a ti hablarle de Cristo a otro. Si todavía no has traído a nadie, no te condenes: hoy es tu punto de partida, hoy Dios te activa como enviado.

Y si ya has traído a alguien, glorifica a Dios y no te detengas, porque eso revela que hay en ti espíritu de evangelista y ahora te toca seguir trayendo a muchos más.

Dinámica de misión: Escribe el nombre de una persona a la que te comprometes a hablarle de Cristo esta semana y traerla contigo a la iglesia. Luego marca tu compromiso: orar por esa persona, hablarle de Cristo, invitarla a la iglesia y acompañarla personalmente.

Declaración final: Hoy dejo de ser solo discípulo y comienzo a caminar como enviado. No entraré solo al bautismo: entraré llevando una vida conmigo.

Palabras: discípulos – naciones.

DÍA 47
TUS DONES Y TALENTOS SON PARA EDIFICAR A OTROS

1 Pedro 4:10 "Cada uno según el don que ha recibido, _____ a los otros, como buenos _____ de la multiforme gracia de Dios."

. **Mensaje del día:** Tu don no es solo algo espiritual, también incluye tus talentos, tu carácter, tu profesión, tu oficio y tus habilidades de todos los días. Todo lo que sabes hacer bien puede convertirse en una herramienta para edificar la casa de Dios. Tu don no es solo para ti: fue puesto en ti para bendecir, levantar, sostener y servir al cuerpo. Un don guardado se apaga, pero un don usado se multiplica.

Dios no solo unge manos que oran, también unge manos que trabajan, organizan, crean, enseñan, cuidan, construyen, lideran, cocinan, administran y sirven. En la iglesia no solo hay púlpitos: hay campos de servicio donde cada talento encuentra propósito.

Dinámica de identificación (marca lo que mejor te describe):
[ ] Sirvo en tareas prácticas
[ ] Enseño o explico con facilidad
[ ] Organizo y planifico
[ ] Cuido personas (niños, jóvenes, adultos)
[ ] Acompaño y escucho
[ ] Motivo y animo
[ ] Evangelizo
[ ] Canto o toco instrumento
[ ] Diseño, edición, redes o fotografía
[ ] Limpieza y orden
[ ] Cocina o apoyo en alimentos
[ ] Seguridad y logística
[ ] Construcción, electricidad, plomería
[ ] Administración, contabilidad, finanzas
[ ] Salud (enfermería, médico, primeros auxilios)
[ ] Transporte o mensajería

Actividad de activación: ¿Qué don, talento o habilidad sientes que Dios quiere activar más en ti para servir en esta casa?

DÍA 48
LA UNIDAD ES GUERRA ESPIRITUAL

Juan 17:21 "Para que todos sean _____; como tú, oh Padre, _____, y yo en ti..."

Mensaje del día: La unidad no es una emoción bonita, es una decisión espiritual y una batalla diaria. El enemigo no teme a un creyente encendido, pero sí tiembla frente a una iglesia verdaderamente unida. La división destruye lo que el Espíritu quiere construir, pero la unidad abre puertas para una obra sobrenatural. Muchas veces las causas de división no se admiten fácilmente, porque se esconden detrás del carácter, de las opiniones fuertes o de heridas no sanadas.

Hoy Dios no nos llama a justificarnos, sino a examinarnos con verdad para proteger lo que Él está edificando.

Dinámica de espejo espiritual (en silencio y a solas): Lee con honestidad estas actitudes y marca **no las que ves en otros**, sino las que Dios te está mostrando en ti:

[ ] Me guardo cosas en el corazón y no las hablo
[ ] Me ofendo con facilidad
[ ] Me cuesta perdonar
[ ] A veces hablo de otros sin confrontar en privado
[ ] Me comparo
[ ] Me aíslo cuando algo no me gusta
[ ] Me cuesta someterme
[ ] Quiero tener la razón más que guardar la unidad

Actividad de sanidad y madurez: Escribe solo para ti cuál actitud Dios te está pidiendo rendir hoy para cuidar la unidad de la iglesia:

_____

Acción de pacto: Escribe una decisión concreta que vas a tomar desde hoy para proteger la unidad (perdonar, hablar en privado, callar a tiempo, servir con humildad, reconciliarte, pedir perdón):

_____

DÍA 49
MI LUGAR EN EL CUERPO

Efesios 2:1–10 "De la muerte a la asignación: hechura de Dios para edificar."

Mensaje del día: : Este día no trata solo de recordar de dónde Cristo te sacó, este día revela para qué te salvó. No solo te sacó de la muerte, te levantó con propósito; no solo te perdonó, te asignó una función. Tú no fuiste salvo para sentarte, fuiste salvo para edificar.

Evaluación espiritual:

Marca lo que describes hoy:
1. Estoy conectado al cuerpo:
   [ ] Sí
   [ ] A medias
   [ ] No
2. Estoy sirviendo:
   [ ] Sí
   [ ] Estoy empezando
   [ ] Aún no
3. Me considero parte activa de esta familia espiritual:
   [ ] Sí
   [ ] Todavía lucho con eso
4. Creo que Dios puede usarme para edificar a otros:
   [ ] Sí
   [ ] Tengo dudas
5. Tengo un compromiso constante con la congregación (asistencia, conexión, responsabilidad):
   [ ] Sí [ ] A veces [ ] No
6. Estoy dispuesto a ser formado, corregido y guiado:
   [ ] Sí [ ] Me cuesta [ ] No
7. He entendido que mi vida es parte del crecimiento de otros:
   [ ] Sí [ ] Apenas lo estoy entendiendo [ ] No
8. Estoy dispuesto a dejar la comodidad para cumplir mi asignación:
   [ ] Sí [ ] A veces [ ] Aún no

Escribe tu decisión frente a Dios para esta nueva etapa en la iglesia:

_____
_____
_____

Actividad: Después de leer con atención Efesios 2:1–10, completa el siguiente crucigrama basándote únicamente en lo que dice el pasaje.

Horizontales

2. ¿En quién fuimos creados de nuevo?
5. ¿Por medio de qué somos salvos?
7. ¿Con quién nos dio vida Dios?
8. ¿Por qué somos salvos según el verso 5 y 8?
9. ¿Qué seguíamos antes de Cristo?
11. ¿Qué era nuestra condición por naturaleza?
12. ¿Por qué nos dio vida Dios?
13. ¿Para qué fuimos creados según el verso 10?

Verticales

1. ¿Qué somos de Dios según el verso 10?
3. En qué estábamos muertos?
4. ¿Qué es Dios en gran manera según el verso 4?
6. ¿Qué hacíamos con nuestra carne?
9. ¿Cómo estábamos sin Cristo según el verso 1?
10. ¿La salvación es por obras?

No soy un rescatado sin rumbo, soy una hechura con diseño, soy parte del Cuerpo, tengo una gracia, tengo una función y tengo una asignación; fui salvo por gracia, pero vivo por propósito.

SEMANA 8 DIA 50
MI VIDA NUEVA: GUERRA ESPIRITUAL, MISIÓN Y CONSAGRACIÓN

TEMA CENTRAL:

El bautismo no cierra tu proceso espiritual. Lo inaugura. Es el punto donde la vida nueva se hace pública y la guerra espiritual se intensifica. La vida nueva requiere propósito, resistencia y consagración. Lo que empieces a vivir después del agua definirá tu futuro espiritual.

TEXTO BASE PARA ESCRIBIR

2 Corintios 5:17 "De modo que si alguno está en Cristo, nueva criatura es; las cosas viejas pasaron; he aquí todas son hechas nuevas."

Palabras para subrayar: nueva criatura, pasaron, hechas nuevas.

Ejercicio 1: Escribe este versículo completo y marca cuáles palabras te confrontan.

_____

_____

Ejercicio 2: Escribe qué significa para ti "vida nueva".

_____

_____

QUÉ ES LA VIDA NUEVA

La vida nueva no es un cambio emocional sino una transformación espiritual. No es un ajuste moral sino una resurrección interior. No es un esfuerzo humano sino una obra del Espíritu. La vida nueva nace cuando el viejo hombre muere y Cristo toma el control.

La vida nueva funciona con principios distintos. La obediencia reemplaza la emoción. La verdad reemplaza la opinión. El Espíritu reemplaza la carne. La misión reemplaza la comodidad. La consagración reemplaza el desorden.

Ejercicio: Escribe tres áreas donde la vida nueva debe manifestarse con urgencia.
1.
2.
3.

GUERRA ESPIRITUAL: TU NUEVO CONTEXTO

Cuando eras parte del viejo hombre, no representabas amenaza. Cuando recibes vida nueva, te conviertes en objetivo. La guerra espiritual no es opcional. Es inevitable. Y es diaria.

Tres enemigos se levantan contra la vida nueva:

1. **La carne.** Tu antigua naturaleza buscará recuperar influencia. Lo que antes justificabas ahora debes crucificar. Lo que antes tolerabas ahora debes rechazar. La carne no se somete, se niega.
2. **El mundo.** Su cultura contradice tu consagración. Su sistema contradice tu obediencia. Su filosofía contradice tu identidad. El mundo quiere moldearte hacia atrás pero la vida nueva te llama a avanzar hacia adelante.
3. **El diablo.** No teme tus lágrimas ni tus emociones. Teme tu obediencia. Teme tu santidad. Teme tu consagración. Teme que descubras que dentro de ti hay autoridad espiritual real.

Ejercicio: Marca cuál enemigo ha atacado más tu proceso.
[ ] La carne / [ ] El mundo / [ ] El diablo

Escribe un ejemplo real de ese ataque.

MISIÓN: LA VIDA NUEVA TIENE RUMBO

Dios no resucita a nadie para que regrese a la pasividad. La vida nueva trae asignación. Trae carga. Trae dirección. La misión no es para expertos. Es para resucitados.

Tu testimonio será una herramienta. Tus cambios serán evidencia. Tus victorias serán ventanas. Tu obediencia será luz. La misión no consiste en saberlo todo sino en caminar con Cristo al frente.

Ejercicio: Escribe tres personas que necesitan ver tu vida nueva.
   1.
   2.
   3.

Escribe cómo puedes impactarlas esta semana.

_____

_____

CONSAGRACIÓN: LA PROTECCIÓN DE TU VIDA NUEVA

No hay vida nueva sin fronteras nuevas. No hay vida nueva sin sacrificios nuevos. No hay vida nueva sin decisiones nuevas. La consagración no es castigo. Es protección. La vida nueva necesita:

- Santidad. No como vergüenza sino como identidad.
- Disciplina. No como carga sino como arma.
- Pureza. No como presión sino como guardia espiritual.
- Separación. No de personas sino de hábitos que destruyen.

Ejercicio de diagnóstico: Marca dónde necesitas consagración inmediata.

[ ] Ojos
[ ] Lengua
[ ] Tiempo
[ ] Relaciones
[ ] Pensamientos
[ ] Conducta sexual
[ ] Manejo del enojo
[ ] Conversaciones
[ ] Redes sociales
[ ] Consumo de música o contenido

Escribe por qué esa área necesita una entrega total.

_____

_____

RESPONSABILIDAD ESPIRITUAL: EL NUEVO COMPROMISO

Una vida nueva sin responsabilidad se marchita. La responsabilidad espiritual transforma intención en madurez. No eres responsable porque eres fuerte. Eres responsable porque Cristo vive en ti.

Hábitos necesarios:
Oración diaria.
- Lectura bíblica continua.
- Congregación constante.
- Confesión oportuna.
- Servicio fiel.
- Evangelización natural.
- Ayuno periódico.
- Relacionarte con personas que te edifiquen.

Ejercicio: ¿Qué hábito espiritual comenzarás esta semana?

PREGUNTAS DE RENOVACIÓN

1. ¿Qué parte de mi vida vieja quiere entrar conmigo al agua?

2. ¿Estoy dispuesto a renunciar a lo que amenaza mi vida nueva?

3. ¿Qué relación necesita ser redefinida para caminar en santidad?

4. ¿Qué patrón emocional debe morir para que mi vida nueva avance?

5. ¿Qué compromiso haré con mi consagración?

DECLARACIÓN

Hoy afirmo que mi vida nueva no dependerá de mis emociones sino de mi obediencia. Renuncio a mi viejo hombre y abrazo el camino de consagración, misión y guerra espiritual con la autoridad que Cristo me dio. Mi vida nueva será constante, profunda, separada para Dios y alineada a su propósito. No volveré a lo que fui. Caminaré en lo que soy: una nueva criatura en Cristo.

FIN DE LA LECCIÓN

DÍA 51
MI NUEVO NACIMIENTO NO SE ESCONDE

TEMA CENTRAL:
El que realmente nace de nuevo no se avergüenza de su fe. El nuevo nacimiento siempre quiere ser visto, no para gloria personal, sino para testimonio del poder de Dios.

Mateo 10:32 "A cualquiera, pues, que me _____ delante de los hombres, yo también le _____ delante de mí _____ que está en los cielos."

Reflexión inicial: El nuevo nacimiento no se esconde. El bautismo no es un acto íntimo, es una proclamación pública de una vida que ya no es igual. Muchos creen, pero viven su fe en secreto por miedo, vergüenza o rechazo. Sin embargo, el que ha pasado de muerte a vida no puede seguir siendo un cristiano invisible.

Esta es la semana de la decisión: no solo mueres a tu pasado, también anuncias tu nueva vida.
1. El bautismo es testimonio, no solo obediencia
2. El bautismo anuncia que tu vida ya tiene otro dueño.
3. Cada persona que entra al agua predica sin palabras.
4. Tu testimonio abre la puerta para otros

Tu bautismo no solo habla de tu pasado muerto, sino del futuro vivo de otros.

- ¿Me avergüenzo todavía de que otros sepan que ahora sigo a Cristo?
- ¿Qué me impide hablar abiertamente de mi fe?
- ¿Quién podría acercarse a Cristo al ver mi bautismo?

Actividad del día (no opcional) — "Mi invitado al bautismo"

Hoy debes invitar a una persona no cristiana a tu bautismo: Puede ser un amigo, un familiar o un compañero de trabajo que no sea cristiano. Dile: "el día: _____ voy a morir a mi vieja vida y nacer de nuevo en Cristo. Quiero que vengas a ver lo que Dios hizo conmigo."
Escribe aquí: su nombre: _____

DÍA 52
NO ENTRO AL AGUA CON PECADOS OCULTOS

TEMA CENTRAL:
Dios perdona lo que confiesas, pero lo que escondes sigue teniendo poder sobre ti. El bautismo no cubre una doble vida.

Texto base para escribir: Proverbios 28:13 "El que _____ sus pecados no _____; más el que los _____ y se _____ alcanzará misericordia."

Reflexión inicial: Muchos quieren un nuevo comienzo sin una confesión real. Pretenden entrar al agua sin cerrar cuentas con Dios. El pecado oculto es una puerta abierta que debilita la autoridad espiritual. El bautismo no es para tapar pecados, es para sepultar una vida que ya fue rendida.

No se trata de perfección, se trata de honestidad. El que confiesa, sana. El que esconde, se estanca.
1. El pecado oculto roba autoridad espiritual.
2. La confesión rompe el dominio del enemigo.
3. No hay sepultura sin verdad.

Lo que no confiesas, no muere.

Preguntas que profundizan:
- ¿Hay algo que solo yo y Dios sabemos?
- ¿Qué pecado he tratado de justificar en lugar de confesar?
- ¿Estoy dispuesto a quedar limpio antes de entrar al agua?

Actividad del día (no opcional) — "Mi verdad delante de Dios"
Hoy, a solas con Dios, escribe en una hoja los pecados, prácticas o dobles vidas que nunca has confesado. Ora, y el día del bautismo destrúyelo en el agua como señal de rendición total.

Escribe aquí:
Hoy confieso delante de Dios que debo soltar:
_____
_____

DÍA 54
NUEVA IDENTIDAD, NUEVAS DECISIONES

TEMA CENTRAL:
No puedes decir que tienes una vida nueva y seguir tomando decisiones con mentalidad vieja. La nueva identidad no se demuestra con palabras, se confirma con decisiones.

2 Corintios 5:17 "De modo que si alguno está en _____, nueva _____ es; las cosas _____ pasaron; he aquí todas son hechas _____."

Reflexión inicial:
Dios no te está reparando, te está rehaciendo. La vida nueva no es un retoque del pasado, es un cambio de naturaleza. Pero esta nueva identidad solo se fortalece cuando comienzas a tomar decisiones diferentes.

No basta con haber llorado en el retiro. No basta con haber confesado. No basta con querer cambiar. La identidad nueva se establece cuando eliges distinto donde antes siempre fallabas.
1. La vieja identidad reacciona.
2. La nueva identidad decide.
3. La vieja huye.
4. La nueva se afirma.

Preguntas que profundizan:
- ¿En qué área sigo decidiendo como mi vieja naturaleza?
- ¿Qué decisión correcta he estado postergando?
- ¿Qué cambio real debe notarse en mí desde hoy?

Actividad del día (no opcional) — "Mi decisión nueva"
Hoy debes tomar una decisión práctica que demuestre tu nueva identidad.
Puede ser:
- Perdón donde había rencor / • Orden donde había desorden
- Verdad donde había mentira / • Límite donde había permisividad

Escribe aquí: La decisión nueva que tomo hoy es:

DÍA 55
YA NO PELEO PARA GANAR, PELEO DESDE LA VICTORIA

TEMA CENTRAL:
El bautismo no termina la guerra espiritual, la define. Ya no peleas como esclavo, ahora peleas como hijo. No luchas para vencer, luchas porque Cristo ya venció por ti.

Gálatas 5:16 "Digo, pues: Andad en el _____, y no satisfagáis los deseos de la _____."

Reflexión inicial: Después del bautismo vendrán ataques. No para asustarte, sino para probar a quién perteneces. El enemigo no persigue al que sigue muerto; persigue al que ya resucitó. Pero ahora tu lucha no es con tus fuerzas. El que vive en ti es mayor que el que te ataca desde fuera. No caminas hacia la victoria: caminas desde la victoria.

1. Antes luchabas desde la debilidad.
2. Ahora luchas desde la identidad.
3. Antes caías por ignorancia.
4. Ahora decides por obediencia.

Hoy debes definir cómo vas a cuidarte espiritualmente después del bautismo. Marca las prácticas que vas a usar para mantenerte firme:

[ ] Oración diaria
[ ] Ayuno
[ ] Lectura de la Biblia
[ ] Congregarte fielmente
[ ] Alejarte de ambientes que te hacían caer
[ ] Caminar con personas que te acerquen a Dios

Escribe aquí:
Las dos prácticas que me comprometo a fortalecer desde hoy son:
1.
2.

DÍA 56
MI PACTO ANTES DE ENTRAR AL AGUA

TEMA CENTRAL:
El bautismo no es solo un paso espiritual, es un pacto. Y todo pacto exige una decisión firme, una renuncia real y una entrega completa. Hoy no decides solo emocionado: decides para siempre.

Josué 24:15 "Escogeos hoy a quién _____; pero yo y mi _____ serviremos a _____."
Subraya en tu Biblia: serviréis – casa – Jehová

Reflexión inicial: en pocos días no solo te sumergirás en el agua: declararás públicamente que tu vida ya no se gobierna sola. Hoy es el último día donde aún puedes dudar. El día del bautismo, aunque vengan retos y dificultades, ya no dudas: obedeces
1. Dios no te pide perfección, te pide rendición.
2. No te pide fuerza, te pide voluntad.

El pacto no se hace cuando todo está fácil, se hace cuando decides, aunque tiemble tu carne.
1. El bautismo es un sí público.
2. El pacto es un sí permanente.
3. El agua sella lo que el corazón decidió.

Preguntas que profundizan:
- ¿Hay algo que todavía no he rendido completamente?
- ¿Estoy entrando al bautismo por convicción o por emoción?
- ¿Qué parte de mi vida estoy dejando atrás para siempre?

Actividad final "Mi pacto con Dios"
"Señor Jesús, hoy decido entregarte completamente mi vida. Renuncio a mi pasado, a mis pecados, a mis excusas y a todo lo que me separaba de Ti. Declaro que a partir de hoy tú eres mi único Señor, mi vida ya no me pertenece, te pertenece a ti. en pocos días entro al agua no para probar, sino para confirmar que mi vieja vida terminó y que empiezo una completamente nueva contigo. Amén."

MUCHAS FELICIDADES
Ya has terminado esta misión, y eso es lo que te espera.

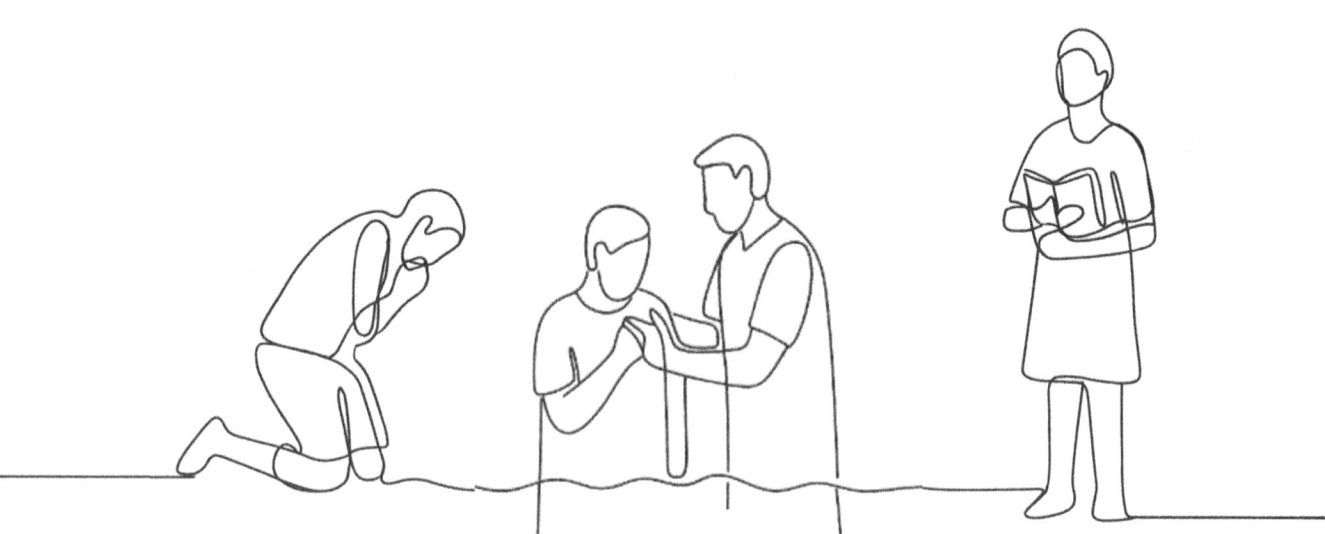

DE LA MUERTE A LA VIDA • DEL AGUA AL PROPÓSITO

Hoy no termina un libro, hoy comienza una vida. Lo que leíste en estas páginas no fue información, fue formación; no fue contenido, fue confrontación; no fue enseñanza suave, fue proceso de muerte y resurrección.

Llegaste con un nombre, con una historia, con heridas, con pecados y con cargas invisibles. Hoy sales con una identidad, con una cruz, con un Espíritu que habita en ti y con un nombre nuevo delante del cielo. El agua no te hizo discípulo, te reveló como resucitado. El bautismo no fue una meta, fue una puerta.

Ahora comienza la etapa más delicada y más gloriosa: vivir lo que declaraste. No regresarás a lo que fuiste, no negociarás con lo que Dios ya mató, no volverás a vivir con doble vida y no caminarás solo. Fuiste sepultado, fuiste levantado, fuiste marcado.

A partir de hoy no vives para agradarte, vives para obedecer; no vives por impulso, vives por convicción; no vives por emoción, vives por verdad.

DECLARACIÓN FINAL DEL DISCÍPULO

Declaro que la persona que fui quedó enterrada y que la vida que ahora vivo le pertenece a Cristo. Declaro que no volveré atrás, que no negociaré mi obediencia, que caminaré en verdad, en luz y en santidad, que donde antes fui herido ahora seré instrumento de sanidad, que mi casa le servirá al Señor y que mi vida será útil al Reino. No soy visitante, no soy espectador, no soy carga, soy discípulo, soy hijo, soy servidor, soy instrumento. Hoy comienza lo verdadero. Amén.

FIRMA ESPIRITUAL DEL PROCESO

Nombre del discípulo: _____
Fecha de bautismo: _____
Firma: _____

Recordatorios finales:

1. **Recuerda pedir tu carta del primer día,** la misma que escribiste como confesión en la **página 14**. Esa carta es testimonio de lo que Dios comenzó a hacer en ti.
2. **Recuerda a tu invitado para el bautismo**, según lo indicado en la **página 98**. Tu testimonio también es una puerta para otros.
3. **Recuerda traer la hoja donde escribiste tus pecados**, prácticas o dobles vidas que nunca habías confesado, de la **página 99**. Ora sobre ella, y el día de tu bautismo destrúyela en el agua como señal profética de rendición total, muerte al viejo hombre y comienzo de una vida nueva en Cristo.

Este manual no fue diseñado para crear creyentes cómodos, sino discípulos reales. Si lo terminaste con el corazón rendido, el cielo se alegra; si lo terminaste con resistencia, Dios seguirá trabajando contigo. Esto no termina aquí, esto apenas empieza.

BIBLIOGRAFÍA Y FUENTES DE REFERENCIA

Este manual ha sido desarrollado con base exclusiva en Biblia como autoridad suprema de fe y conducta.

- Biblia Reina-Valera 1960, Sociedades Bíblicas Unidas.

Todo el contenido doctrinal, devocional y formativo de este manual proviene de la Palabra de Dios, sin apoyarse en corrientes humanistas, psicológicas o filosóficas.

EXPERIENCIAS PARA NO OLVIDAR

EXPERIENCIAS PARA NO OLVIDAR

Made in United States
North Haven, CT
03 January 2026

86221933R00063